O
PIANISTA

O
PIANISTA

WŁADYSŁAW
SZPILMAN

Tradução de
Tomasz Barcinski

6ª edição

EDITORA RECORD
RIO DE JANEIRO • SÃO PAULO
2024

CIP-BRASIL. CATALOGAÇÃO NA PUBLICAÇÃO
SINDICATO NACIONAL DOS EDITORES DE LIVROS, RJ

S995p   Szpilman, Wladyslaw, 1911-2000
6. ed.   O pianista / Władysław Szpilman ; tradução Tomasz Barcinski.
            - 6. ed. - Rio de Janeiro : Record, 2024.

            Tradução de: Pianista
            ISBN 978-65-5587-820-2

            1. Szpilman, Wladyslaw, 1911-2000. 2. Judeus - Polônia -
            Biografia. 3. Holocausto judeu (1939-1945) - Polônia - Narrativas
            pessoais. 4. Músicos judeus - Polônia - Biografia. I. Barcinski,
            Tomasz. II. Título.

23-87054   CDD: 940.5318092
                        CDU: 929:94(100)'1939-1945'

Meri Gleice Rodrigues de Souza - Bibliotecária - CRB-7/6439

Título original:
Pianista

Copyright © 1999 by Andreas Georg Szpilman

Texto revisado segundo o Acordo Ortográfico da Língua Portuguesa de 1990.

Todos os direitos reservados. Proibida a reprodução, no todo ou em parte, através de quaisquer meios. Os direitos morais do autor foram assegurados.

Direitos exclusivos de publicação em língua portuguesa somente para o Brasil adquiridos pela
EDITORA RECORD LTDA.
Rua Argentina, 171 – Rio de Janeiro, RJ – 20921-380 – Tel.: (21) 2585-2000, que se reserva a propriedade literária desta tradução.

Impresso no Brasil

ISBN 978-65-5587-820-2

Seja um leitor preferencial Record.
Cadastre-se no site www.record.com.br
e receba informações sobre nossos
lançamentos e nossas promoções.

Atendimento e venda direta ao leitor:
sac@record.com.br

Alguns comentários do tradutor

Poucos tradutores tiveram a oportunidade de lidar com um livro que os tivesse sensibilizado tanto.

Assim como o autor, eu nasci em Varsóvia e passei os cinco anos e meio de ocupação nazista na Polônia. Embora fosse apenas uma criança — nasci em 1936 —, as lembranças daquela época ficaram guardadas, ocultas na minha memória, e o livro as fez emergir em vários momentos. Numa das passagens o autor descreve os primeiros bombardeios sobre Varsóvia e lembra que "as ruas e as calçadas estavam cobertas de panfletos jogados por aviões alemães, que ninguém pegava, pois — acreditava-se — estariam envenenados". Neste momento veio à minha mente a imagem clara da minha mãe andando comigo, com 3 anos de idade, pelas ruas de Varsóvia e me lembrei da minha tentativa de pegar um daqueles papéis.

— Não faça isto — disse minha mãe —, estes papéis estão impregnados por um veneno mortal.

O livro mexeu tanto comigo que fiz questão de me encontrar na Europa com o filho do autor, Andrzej Szpilman, para lhe dizer o quanto me emocionara e esclarecer alguns pontos referentes à tradução.

Além dos problemas típicos de uma língua eslava — a ausência de artigos definidos (o título do livro em polonês é *Pianista* e não *O pianista*), declinações, pontuação etc. —, o polonês permite a criação de palavras novas, derivando ou juntando palavras existentes.

Uma destas palavras é *łapanka* que mantive no original com nota ao pé da página. Trata-se de uma derivação do verbo *łapac* (agarrar) que poderia, e escrevo no condicional porque não pode, ser traduzida como "batida policial". Durante a ocupação, os nazistas haviam criado uma tabela de punições pela morte de alemães. Não me lembro dos números exatos, mas a ideia básica era que a cada soldado alemão morto pela Resistência, os alemães fuzilavam, digamos, 10 poloneses; se o morto fosse um sargento, seriam fuzilados 15, se fosse um tenente, seriam 20, e assim por diante. E de onde provinham as vítimas? Das ruas. Os alemães fechavam as duas extremidades de um quarteirão e pegavam os transeuntes ao acaso. Esta é a origem da palavra terrível, que aterrorizou toda a população durante cinco anos e meio e que é conhecida até hoje por todos os poloneses. Como traduzi-la para o português?

Outra palavra é *powstańcy*. É o plural de *powstaniec*, uma derivação de *powstanie* (levante) e refere-se aos membros da Resistência que combateram no Levante de Varsóvia. Somente os leitores que tiveram o privilégio de assistir ao filme *O canal*, de Andrzej Wajda, poderão ter uma ideia da aparência dos *powstańcy*. Homens, mulheres, velhos e crianças, alguns com antigos uniformes poloneses, outros com peças de uniformes alemães e a grande maioria em roupas civis, todos usando apenas uma braçadeira branca e vermelha (as cores nacionais da Polônia) para os distinguir como combatentes. Para evitar o excesso de notas, não mantive a palavra no original e preferi traduzi-la, dependendo do contexto, como "membros da Resistência" ou "combatentes do Levante".

Adotei o mesmo tratamento para outras palavras derivadas. Assim, os *SS-mani* figuram como "os homens da SS" e *gestapowcy* como "os homens (ou agentes) da Gestapo". Finalmente, defrontei-me com a palavra *żandarm*, que poderia ser traduzida como "guarda", "policial" ou até "policial militar". No entanto, não se tratava de policiais "normais". Eram membros do Exército alemão, com insígnias específicas que os identificavam como responsáveis pela manutenção da ordem pública. Depois de muita hesitação, resolvi usar a palavra "gendarme", que figura no *Aurélio* como "soldado da força incumbida de velar pela segurança e ordem pública, na França". Espero que os puristas me perdoem.

A maior parte das ruas de Varsóvia conservou os seus nomes originais: rua dos Gansos, Simpática, Ajardinada, Eleitoral etc. (o apartamento da família do autor, por exemplo, ficava na rua Escorregadia) e, portanto, eram nomes que poderiam ser traduzidos. Para manter uma certa continuidade da narrativa, mantive-os em polonês e com a mesma tipologia do restante do texto.

Adotei o mesmo princípio para os nomes próprios, evitando apenas as suas declinações e adotando sempre o caso nominativo. Desta forma, a expressão *by pomóc Henrykowi*, por exemplo, figura como "a fim de ajudar Henryk".

Finalmente, uma curiosidade: os leitores que tiveram a oportunidade de ler a versão inglesa do livro hão de notar que o primeiro capítulo, denominado "*The hour of the children and the mad*" — "A hora das crianças e dos loucos" —, figura como sexto na presente edição, tal como no original polonês e na versão francesa, e que o primeiro capítulo, "Guerra!", é o segundo na edição inglesa. Não consegui decifrar a razão deste mistério, mas, tendo consultado Andrzej Szpilman, fui aconselhado a manter a sequência original, o que, aliás, me parece ser mais correto do ponto de vista da cronologia dos fatos descritos.

Tomasz Barcinski

Prefácio

Meu pai quase não falava sobre as suas experiências de guerra — e mesmo assim carrego essas histórias comigo desde pequeno. Por meio deste livro, que surrupiei da estante dos meus pais quando tinha treze anos, fui capaz de descobrir por que eu não tinha avós paternos e por que meu pai nunca falava deles.

Li o livro naquela época — porém, evitei pensar a respeito. Embora tenha revelado uma parte da minha identidade, nós não falávamos sobre o livro. Talvez por isso eu não imaginasse que ele poderia ser importante para outras pessoas, até o poeta Wolf Biermann me convencer do contrário. Aliás, faz anos que vivo na Alemanha e sofri com o doloroso silêncio que existe entre judeus, alemães e poloneses. Espero que este livro ajude a curar as feridas que ainda estão abertas.

Meu pai escreveu este livro assim que a guerra terminou. Acho que ele o escreveu mais para si mesmo do que para um público leitor. Foi uma forma de lidar com as experiências traumatizantes da guerra; de desanuviar a mente e o coração para que pudesse levar uma nova vida. Na verdade, meu pai não era escritor; ele era — como a gente diz na Polônia — "uma pessoa na qual a música vive": um pianista, compositor e uma figura influente da vida cultural polonesa. Meu pai era uma pessoa que vivia para a música e que podia sobreviver com a ajuda da música.

Espero que este prefácio consiga apresentar a vida e a obra do meu pai para além deste livro e da adaptação feita por Roman Polanski para o cinema. Tenho certeza de que ele teria sido muito mais famoso se a história da Europa fosse outra e se ela não tivesse se dividido em duas partes, no que diz respeito tanto à política quanto à cultura, por quarenta e quatro anos em consequência da Segunda Guerra Mundial.

Nos primeiros anos como pianista, depois de estudar com Józef Śmidowicz e Aleksander Michałowski, em Varsóvia, ele foi para a Alemanha, onde teve aulas de piano com Artur Schnabel e de composição com Franz Schreker na Academia de Artes de Berlim.

Depois que Hitler assumiu o poder em 1933, meu pai voltou para Varsóvia e, a partir de abril de 1935, trabalhou como pianista residente na Polskie Radio. Ele acompanhava solistas e tocava com a orquestra, interpretando peças clássicas e populares. E também tinha uma função particularmente especial: a de tocar piano ao vivo durante o programa inteiro, isso significa que, para um convidado sair e outro entrar, ele improvisava enquanto as mudanças eram feitas, o que podia levar minutos. Com a Orquestra da rádio e Grzegorz Fitelberg, colaborador de longa data de Karol Szymanowski e o maestro mais importante da Polônia naquela época, ele viajou para a Exposição Universal de 1937, em Paris, para apresentar a *Symphonie Concertante*, de Szymanowski.

Até 1939, meu pai também compôs música para o cinema, além de várias canções populares, que fizeram bastante sucesso. Antes da guerra, ele chegou a tocar com o famoso violinista Bronisław Gimpel e também com Henryk Szeryng e Ida Haendel.

Um recital de Chopin, no dia 23 de setembro de 1939, foi a última transmissão ao vivo antes de a Polskie Radio ser destruída; nos anos seguintes, ele sofreu as maiores perdas que poderia sofrer como homem e artista.

Depois de dois anos preso no gueto de Varsóvia, lutando para sobreviver e enfrentando o risco constante de morrer, todos na sua família foram levados para Treblinka em agosto de 1942, e foram assassinados. Não restaram fotos nem objetos pessoais. Era como se a família Szpilman, com sua história e suas raízes, tivesse sido extinta.

E, no entanto, como que por um milagre, meu pai sobreviveu. Ele se tornou conhecido antes da guerra por causa das apresentações na rádio e das trilhas sonoras para o cinema, o que significava que ele conseguia não só cuidar da sua família no gueto, mas também podia almejar uma chance de sobreviver. Na verdade, ele só escapou da deportação por ser um pianista famoso: um policial judeu o reconheceu e tirou meu pai dos caminhões que levaram sua família para a morte certa.

Primeiro, ele encontrou abrigo com amigos da rádio polonesa, apesar de que muitos poloneses o ajudaram no período em que viveu escondido, incluindo Witold Lutosławski e a violinista Eugenia Umińska, que tocou em concertos a fim de levantar o dinheiro necessário para salvar meu pai. Todas essas pessoas se uniram graças ao amor e à força de uma única coisa: a música.

Mais para o fim da guerra, foi a arte que salvou meu pai. Por meses, ele viveu sozinho nas ruínas de Varsóvia e encontrou motivação na música repetindo mentalmente todas as peças que conhecia, linha por linha. Eu era muito próximo do meu pai, mas não saberia dizer como é que esse homem delicado teve a força sobre-humana necessária para superar acontecimentos tão terríveis. A música é a única resposta em que consigo pensar.

Em novembro de 1944, com temperaturas de menos vinte graus Celsius, meu pai estava quase morrendo de inanição em seu esconderijo quando foi descoberto pelo oficial alemão Wilm Hosenfeld. Embora fossem mínimas as chances de encontrar um alemão solidário naquela época, parecia que Hosenfeld também estava desesperado; ele sentia falta de ouvir música, sofria em meio ao cenário desolador da cidade destruída e pediu que o meu pai tocasse piano para ele. Hosenfeld não o matou; na verdade, foi Hosenfeld que deu de comer ao meu pai nesse período e que o ajudou a encontrar um esconderijo melhor, sem dúvida salvando sua vida naqueles derradeiros dias frios da guerra.

Meu pai conseguiu descobrir o nome do oficial somente em 1950, embora as tentativas de salvar a vida de Hosenfeld tenham fracassado: a partir de 1948, quase nenhum alemão ocidental conseguiu escapar do embate com os russos. Hosenfeld morreu em Stalingrado, no ano de 1952. No entanto, meu pai só foi saber do destino trágico do homem que o salvou em 1956, quando conseguiu permissão para viajar à Alemanha a fim de realizar alguns concertos e acabou visitando a família de Hosenfeld, em Thalau.

Hoje, sabemos que Hosenfeld tinha repudiado as injustiças cada vez maiores da guerra já em setembro de 1939, e por isso ajudou várias pessoas a sobreviver. Sem se preocupar com represálias que ele e sua família poderiam sofrer, Hosenfeld fez o que pôde para salvar os oprimidos, sem se importar com descendência, religião, opinião política ou nacionalidade. Em 2007, ele recebeu uma importante homenagem póstuma — a Ordem da Polônia Restituta — e, em Israel, foi considerado um "Justo entre as Nações", em 2009.

Logo após a liberação, em janeiro de 1945, meu pai voltou a trabalhar na Polskie Radio, onde se sentia em casa. De noite, ele dormia debaixo do piano; e, durante o dia, escrevia arranjos para os músicos que tinham sido contratados. Ele organizava programas, compunha canções e participava de transmissões como solista ou acompanhante, voltando a tocar com tranquilidade. Eu me perguntava com frequência se ele não teria sido um músico ainda melhor sem a interrupção de cinco anos.

Sempre tive o desejo de apresentar a obra do meu pai para um público fora da Polônia, mas por muito tempo, e por várias razões, isso parecia impossível. Apesar de ter se apresentado mais de duas mil vezes no Ocidente, a indústria fonográfica não tomou conhecimento de sua existência.

Na Polônia comunista, meu pai era conhecido apenas como um compositor de música popular, que costumava ser usada sem o crédito de autor. Além disso, só era autorizado o uso de letras em polonês, então suas canções foram gravadas com letras em inglês somente depois de sua morte. Nesse período, ele nunca foi conhecido como um compositor de música clássica. Sob o regime comunista, somente aqueles que tinham nomes que soassem absolutamente poloneses recebiam a bênção de serem promovidos pelo estado e exportados para o mundo todo como produtos da nova ordem comunista; o nome Szpilman não se encaixava nessa categoria. Assim, o trabalho do meu pai como compositor, que havia começado em 1930, parou completamente após a guerra. Depois disso, ele se dedicou à composição de música clássica apenas uma vez.

Quando a Polônia foi atingida por uma onda de antissemitismo em março de 1968, praticamente tudo que ele compôs ficou guardado. Ele também orquestrou várias *chansons* para grandes orquestras — totalizando cerca de sessenta minutos de música. Hoje sei que essa foi a forma que encontrou de lidar com sua depressão. Certamente, algo parecido ocorreu em 1940, quando ele se dedicou à encomenda de um *concertino* para piano e orquestra a fim de não pensar em como era a vida cotidiana do gueto de Varsóvia.

Pelo que me lembro do trabalho que ele realizou em 1968, com as partituras espalhadas sobre a mesa, meu pai amava compor. Mais do que qualquer outra coisa, ele escrevia músicas para satisfazer um desejo pessoal — para desgosto dos críticos musicais, que procuraram em vão por características de vanguarda na música do meu pai.

De fato, os comunistas poloneses foram incapazes de destruir uma coisa: a relação de meu pai com Bronisław Gimpel, o grande violinista americano de origem polonesa. Eles se tornaram amigos próximos em 1934: nesse ano, Gimpel, que já era um músico famoso, veio à Polônia para uma série de concertos, pouco depois de ser condecorado com uma ordem oferecida pelo rei Vítor Emanuel III, da Itália, e de tocar para o Papa Pio XI. Gimpel não estava satisfeito com o pianista que tinha sido contratado para essas apresentações e pediu ao seu empresário que procurasse outra pessoa capaz de ocupar essa vaga, e foi assim que chamaram meu pai. Desse modo, começou uma colaboração de mais de quarenta anos entre os dois artistas, que continuaram amigos mesmo após a guerra. Tenho a impressão de que Bronisław Gimpel serviu como uma ponte para meu pai entre o período do pré-guerra e o do pós-guerra, depois de perder a família, onde a música era a única constante na sua vida.

No entanto, no período pós-guerra, houve certos obstáculos que tiveram de ser vencidos para que a dupla continuasse com sua amizade. Sempre que meu pai planejava participar de um concerto, isso envolvia riscos porque era impossível saber se ele conseguiria viajar para o Ocidente; e era comum que encontrasse dificuldades para sair do país. Da mesma forma, durante o período entre 1968 e 1976, Gimpel ficou proibido de entrar em território polonês após ter sido considerado *persona non grata* na Polônia; essa proibição se estendeu a vários outros artistas de origem judaica, incluindo Arthur Rubinstein, outro amigo do meu pai. Ainda assim, depois de 1956, eles conseguiram realizar turnês na Polônia, na Itália, na Alemanha e na América do Sul. Com poucas exceções, Gimpel conseguiu cumprir a promessa feita para Szpilman quando os dois se conheceram em 1934: "De agora em diante, você será sempre o meu pianista."

Quando meu pai mostrou ser um bom gestor criando o Festival Internacional da Canção de Sopot, ele foi contratado por Szymon Zakrzewski, da agência de artistas PAGART, para montar um pequeno grupo polonês de música de câmara. E é claro que, na mesma hora, ele chamou Gimpel; em seguida, os dois convenceram outros três artistas populares a participar da empreitada e assim criaram o Warsaw Piano Quintet. Em janeiro de 1963, eles começaram sua primeira turnê mundial no Wigmore Hall, em Londres, e até 1968 tocaram centenas de vezes em todos os continentes.

Meu pai se sentia confortável tocando com o quinteto. Com as experiências traumáticas que viveu na guerra, ele abriu mão de ter uma carreira solo como pianista; apesar de ter estudado bastante na década de 1930, ele só foi realizar algumas poucas turnês como solista depois de 1950. Assim que as restrições impostas pela Cortina de Ferro se tornaram mais leves em 1956, ele teve chance de viajar para o exterior de novo, mas não voltou a fazer apresentações sozinho porque elas geravam muita pressão; mais tarde, meu pai explicou que a presença de outros músicos no palco era o que lhe dava forças para tocar. Consigo entender que ele não suportasse a solidão de uma carreira solo: depois de anos de solidão em meio às ruínas da guerra, ele não queria viajar sozinho pelo mundo. O Warsaw Piano Quintet se apresentou pela última vez em 1986, na cidade de Hamburgo.

Embora meu pai pensasse que ninguém se interessaria pela sua história ou pela história da sua família, sobretudo depois que as negociações do seu amigo Arthur Rubinstein com uma editora não deram em nada na década de 1970, o livro sobre suas experiências de guerra se tornou um best--seller em 1998, com edições na Alemanha, na Inglaterra e nos Estados Unidos. Portanto, antes de morrer no dia 6 de julho de 2000, ele entendeu que sua empreitada tinha valor e importância.

Na época da publicação, pela primeira vez tive uma conversa séria com o meu pai sobre suas experiências de guerra. Também falamos sobre meus planos de divulgar sua obra musical. Foi um grande prazer para mim produzir o seu primeiro álbum solo, ainda mais depois de passarmos um longo tempo escolhendo as faixas. Mais tarde, em 2001, trabalhei com a Sony Classical e a Boosey & Hawkes, gravadoras importantes no cenário internacional, em álbuns solos com suas gravações originais que foram muito bem-sucedidos, e também publiquei suas composições para piano e orquestra.

Graças à publicação do livro em 1998, as palavras do meu pai hoje estão disponíveis em trinta e oito idiomas no mundo inteiro. Suas experiências serviram de tema para escolas da Alemanha, da Polônia e dos Estados Unidos, entre outros países. O longa-metragem que Roman Polanski fez baseado no livro é, sem dúvida, um dos filmes de guerra mais importantes de todos os tempos e venceu três categorias do Oscar, a Palma de Ouro em Cannes e dez categorias do Águia, o prêmio do cinema polonês, além de ter recebido outros troféus importantes.

Como disse Adrien Brody, na cerimônia do Oscar, esta história fala sobre a dor e a desumanização que as pessoas enfrentam em tempos de guerra, e sobre as consequências de atos terríveis. E assim desejo e espero que este livro continue contribuindo de maneira significativa para a paz mundial, agora e sempre.

Andrzej Szpilman

1 ~ Guerra!

No dia 31 de agosto de 1939 ninguém mais acreditava que a guerra com os alemães pudesse ser evitada, e somente os otimistas incorrigíveis estavam convictos de que Hitler se assustaria com a postura intransigente da Polônia. Talvez, inconscientemente, esse otimismo fosse uma espécie de comodismo, de uma fé desprovida de qualquer lógica, que os fazia acreditar que não haveria guerra e que poderíamos continuar a viver em paz; afinal, a vida era tão bela.

Ao anoitecer a cidade ficava às escuras. Nas casas vedavam-se os quartos destinados a servirem de abrigos contra o gás. Temiam-se os gases acima de tudo.

Ao mesmo tempo, por trás das janelas cobertas dos cafés e dos bares, tocavam orquestras, as pessoas dançavam, bebiam e cantavam patrioticamente canções militares. A necessidade de cobrir as janelas, de carregar nos ombros máscaras contra gases, bem como o retorno noturno para casa de táxi por ruas cada vez mais estranhas davam à vida um encanto especial, principalmente por não existir ainda no ar qualquer sentimento de perigo.

Naquela época, o gueto ainda não fora criado e eu morava com meus pais e meus irmãos na rua Śliska e trabalhava como pianista na Polskie Radio. Naquele dia de agosto voltei para casa bem tarde e, cansado, fui dormir. O nosso apartamento ficava no terceiro andar, o que tinha suas vantagens: a poeira e os cheiros da rua ficavam retidos embaixo, enquanto em cima, do céu, chegavam a nós pelas janelas abertas lufadas do vento refrescante do rio Vístula.

Acordei com o barulho de explosões. Amanhecia. Olhei o relógio: 6 horas. As explosões não eram muito fortes e pareciam vir de longe, fora do perímetro da cidade. Certamente eram exercícios militares, aos quais já estávamos acostumados. Após alguns momentos, reinou novamente o silêncio. Pensei em voltar a dormir, mas o dia já estava claro. Decidi, portanto, ficar lendo na cama até a hora do café.

Devia ser por volta das 8 horas quando repentinamente a porta do meu quarto foi aberta por minha mãe, vestida como se pretendesse ir para o centro da cidade. Estava mais pálida do que de costume e não escondia a sua indignação pelo fato de eu ainda estar na cama. Abriu a boca como se fosse dizer algo, mas a voz lhe ficou presa na garganta e precisou respirar profundamente. Falou, rápido e de uma forma nervosa:

— Levante-se, começou a... começou a guerra!

Decidi ir imediatamente para a rádio, fonte das informações mais recentes. Lá encontraria amigos.

Vesti-me, tomei o café e saí do apartamento. Nas paredes das casas e nos painéis publicitários já se viam enormes cartazes brancos com o pronunciamento do presidente à nação, no qual informava sobre o ataque alemão contra a Polônia. Algumas pessoas juntavam-se em grupos e liam, enquanto outras corriam nervosamente em várias direções, querendo acertar os assuntos mais importantes ainda não resolvidos. Na loja da esquina, a proprietária colava tiras de papel branco nas vitrines para impedir que se quebrassem, caso viessem a ocorrer os bombardeios previstos.

Ao mesmo tempo, sua filha decorava os pratos de salada, presunto e salsichas com pequenas bandeiras e imagens de heróis nacionais. Nas ruas, os jornaleiros vendiam edições especiais. Não havia qualquer tipo de pânico. O estado de espírito geral oscilava entre a curiosidade — o que vai acontecer em seguida? — e o espanto: foi assim mesmo que tudo começou?

Diante de um dos cartazes parou um senhor grisalho, recém-barbeado e elegantemente vestido, cujos rosto e pescoço estavam rubros de nervosismo. O chapéu dele escorregou para a parte posterior da cabeça, algo que jamais permitiria numa situação normal. Lia, balançava incredulamente a cabeça, lia de novo, apertando cada vez mais os óculos sobre o nariz. Repetia algumas palavras em voz alta, com revolta:

— Fomos agredidos... Sem qualquer aviso...

Olhou para as pessoas que o cercavam para observar suas reações, levantou a mão para ajeitar os óculos e exclamou:

— É uma atitude brutal!

Minutos depois, já andando, sem conseguir se acalmar murmurava para si mesmo, sacudindo os ombros:

— Não. Isto não se faz.

Embora morasse bem próximo à rádio, chegar até lá se revelou uma tarefa difícil, e levei o dobro do tempo que gastaria normalmente. Estava a meio caminho quando se ouviu o som de alarme ecoando dos alto-falantes colocados nos postes de iluminação, nas portas das lojas, e até nos parapeitos das janelas. Em seguida pôde ouvir-se a voz do locutor: "Alarme para a cidade de Varsóvia! Atenção, atenção, estão chegando..." — e seguiu-se uma série de números e letras de códigos militares, os quais, para a população civil, mais pareciam misteriosas maldições. Indicariam os números a quantidade de aviões que se aproximavam? E as letras, será que informariam os locais onde as bombas iriam cair? Figuraria entre eles exatamente este, onde estávamos?

Rapidamente a rua ficou deserta. As mulheres seguiam assustadas na direção dos porões. Os homens, não querendo imitá-las, paravam nos vãos dos portões das casas e amaldiçoavam os alemães, demonstrando coragem e também raiva contra o governo, que convocara mobilização geral bem tarde e de forma pouco eficaz. Muitos iam de uma autoridade militar a outra, incapazes de ingressar no Exército, por amor à pátria ou ao dinheiro.

Nas ruas agora desertas, como que mortas, ouviam-se apenas as discussões dos membros das brigadas antiaéreas censurando os desobedientes que, pelos motivos mais diversos, abandonavam os portões e tentavam esgueirar-se junto aos muros. Momentos depois explodiram novas bombas, mas ainda desta vez não muito perto.

Consegui chegar ao edifício da rádio no momento em que se ouvia o terceiro alarme consecutivo. Ali, ninguém tinha tempo suficiente para descer para o abrigo antiaéreo a cada alarme.

A programação da rádio encontrava-se num estado de confusão total. A cada vez que conseguíamos alguma ordem, a programação tinha que ser interrompida, pois chegavam novas e importantes notícias do *front* ou da área diplomática, que eram transmitidas imediatamente, acompanhadas por marchas militares e até pelo Hino Nacional.

Nos corredores reinava o caos. Entre as pessoas, sentia-se a disposição para o combate. Um dos funcionários, convocado pelo Exército, veio despedir-se dos colegas e, ao mesmo tempo, exibir o seu novo uniforme. Provavelmente imaginou que iria ser cercado por todos e que ocorreria uma comovente cena de despedida. Ficou desapontado: ninguém tinha tempo para lhe dar atenção. Tentava deter os colegas que passavam, para que o programa por ele imaginado, "A despedida da vida civil", o qual iria descrever um dia aos seus netos, pudesse ser apresentado pelo menos parcialmente. Nem chegou a suspeitar que, duas semanas depois, também ninguém teria tempo para honrar sua memória com um enterro digno.

No estúdio, agarrou-me pela manga um veterano pianista da rádio, o velho e querido professor Ursztein. Há anos que ele media o tempo pelas peças que acompanhava ao piano, assim como outras pessoas o medem em dias e horas. Quando o professor tentava falar das suas recordações, começava sempre com as palavras: "Naquele momento eu estava tocando..." — e quando conseguia, por este método, localizar o lugar dessa performance no tempo, assim como um marco miliário na beira da estrada, permitia à sua mente descrever círculos cada vez maiores para alcançar outras recordações, já não tão importantes e mais remotas.

Agora ele estava parado diante do estúdio, atordoado e confuso: como vai ser esta guerra, desprovida de acompanhamento?

— Ninguém pôde me dizer — começou a se queixar debilmente — se vou trabalhar hoje...

À tarde foi decidido que iríamos exercer nossa função, cada um diante do seu piano. Os programas musicais, embora de forma diferente do que fora planejado, deveriam ser mantidos.

Entrementes, aproximou-se a hora do almoço e alguns dos colegas começaram a sentir fome. Saímos da rádio e fomos comer algo num restaurante nas redondezas.

Parecia que nada demais tinha ocorrido na cidade. Havia um intenso movimento nas ruas principais. As lojas estavam abertas, e, como o prefeito apelara para que não se estocasse comida, pois, segundo ele, não seria necessário, ninguém formava filas. Os camelôs vendiam, com grande sucesso, um brinquedo de papel em forma de um porco que, quando dobrado de uma forma engenhosa, transformava-se numa efígie de Hitler.

Tivemos dificuldades em conseguir uma mesa no restaurante. Vários pratos, normalmente disponíveis, estavam em falta. Os demais ficaram mais caros. Os especuladores já tinham iniciado suas atividades.

As conversas concentravam-se principalmente na anunciada iminente adesão da França e da Inglaterra à guerra. Excluindo alguns incorrigíveis pessimistas, todos estavam convencidos de que isso iria acontecer nas próximas horas, ou minutos. Alguns achavam até que os americanos iriam declarar guerra aos alemães. Aduziam a esta questão alusões à experiência alcançada na guerra anterior, como se esta tivesse ocorrido apenas para que se soubesse como lutar agora.

A França e a Inglaterra aderiram realmente à guerra em 3 de setembro.

Naquele dia, embora o relógio já indicasse 11 horas, eu ainda estava em casa. Mantínhamos o rádio permanentemente ligado para não perder as notícias mais recentes. No entanto, os comunicados do *front* não correspondiam às nossas expectativas. Embora a nossa cavalaria tivesse entrado na Prússia Oriental e os nossos aviões estivessem bombardeando as posições militares alemãs, o Exército polonês recuava dos terrenos conquistados ante a superioridade militar do inimigo. Como isso fora possível? Os alemães não tinham aviões e tanques de papelão e uma gasolina sintética cujo poder calórico nem servia para ser usado em isqueiros — como alardeava a nossa propaganda militar? Vários aviões alemães tinham sido abatidos perto de Varsóvia, e as testemunhas oculares teriam dito que viram os corpos dos pilotos inimigos vestidos em macacões e botas de papel. Como esta corja miserável podia nos fazer recuar? Ninguém conseguia entender.

Minha mãe andava pelo apartamento, meu pai ensaiava no violino, eu lia algo sentado na poltrona, quando interromperam um programa corriqueiro e o locutor anunciou, com voz prazerosa, uma notícia da maior relevância. Aproximei-me com meu pai do aparelho receptor, enquanto minha mãe saía do quarto para chamar minhas duas irmãs e meu irmão. O alto-falante ressoava marchas militares, depois repetia o anúncio, fazia-nos ouvir mais músicas militares anunciando para breve uma notícia importante. Nossa tensão chegava a ser insuportável, quando soou o Hino Nacional polonês, seguido imediatamente pelo da Grã-Bretanha. Em seguida, fomos informados de que não estávamos mais sozinhos na luta contra o inimigo, que tínhamos um aliado poderoso e que agora, com absoluta certeza, iríamos vencer a guerra, mesmo que o seu desenrolar viesse a ser variável e, em alguns momentos, desfavorável para nós.

É difícil descrever a emoção que tomou conta de nós naquele momento. Os olhos de minha mãe se encheram de lágrimas, meu pai soluçava, e Henryk, meu irmão, aproveitou a situação para esfregar a mão estendida em sinal de vitória diante do meu nariz e gritar:

— Está vendo? Eu bem que falei!

Regina achava que não devíamos discutir num momento como aquele. Colocou-se entre nós e disse calmamente:

— Parem com isso! Todos sabiam que o final seria esse... — E adicionou em seguida: — É a consequência de tratados internacionais.

Regina era advogada, portanto uma autoridade em questões deste tipo. Nesse ponto, não havia o que discutir.

Halina ficou mexendo no rádio, tentando sintonizar Londres: queria obter informações diretamente da fonte.

Minhas irmãs eram as criaturas mais calmas de toda a família. De quem teriam herdado isso? Se fosse mesmo herança, seria certamente da mãe, embora naquele momento parecesse uma pilha de nervos.

Quatro horas depois, a França também declarou guerra à Alemanha. À tarde, meu pai decidiu participar de uma manifestação realizada diante da Embaixada da Grã-Bretanha. Minha mãe não queria que meu pai fosse, mas ele foi assim mesmo. Voltou para casa muito agitado, febril e com o terno amarrotado. Contou que vira o ministro do Exterior polonês e os embaixadores da Inglaterra e da França. Gritou e cantou até o momento em que, em virtude do perigo dos bombardeios, pediram que todos fossem para casa. A multidão obedeceu com tanta animação, que meu pai quase foi sufocado. Apesar disso, estava muito contente e de excelente humor.

Infelizmente a nossa alegria durou pouco. Os relatos da frente de batalha eram cada vez mais alarmantes. No dia 7 de setembro alguém bateu com força na nossa porta. Era o vizinho do apartamento em frente, um médico, vestido com botas militares de cano alto, boné esportivo, casaco de caçador e carregando uma mochila nas costas. Estava apressado, mas achava ser sua obrigação nos informar que os alemães vinham se aproximando de Varsóvia, que o nosso governo se deslocara para Lublin, e que todos os homens deveriam deixar a cidade e ir para o outro lado do Vístula, onde seria formada uma nova linha de defesa.

Inicialmente, nenhum de nós quis acreditar no que ouvia. Decidi dar um pulo na vizinhança para saber melhor o que se passava. Henryk ligou o rádio, mas dali não vinha qualquer som. O rádio estava mudo.

Não consegui encontrar muitos vizinhos para descobrir algo. A maior parte dos apartamentos estava fechada; em outros, as mulheres aos prantos preparavam-se para o pior e despediam-se de seus maridos e irmãos. Não havia dúvidas de que o médico tinha falado a verdade.

Decidi ficar. Não via qualquer sentido nessas peregrinações bélicas. Se o destino quiser que eu morra, que isto ocorra em minha casa. Além disso — pensava eu — alguém teria que se ocupar de minha mãe e de minhas irmãs depois do afastamento de meu pai e de Henryk. Ao discutir esse assunto com eles, ficou claro que também não tinham qualquer intenção de fugir.

Minha mãe, mais por obrigação do que por qualquer outro motivo, tentou nos convencer a fugir. Olhava para nós com um ar nervoso e olhos bem abertos e procurava encontrar argumentos que nos convencessem de que conviria abandonarmos a cidade. Quando finalmente notou que não teria condições de romper a nossa obstinação, o seu rosto lindo e expressivo se iluminou revelando alívio e contentamento; aconteça o que acontecer, será melhor se estivermos juntos.

Esperei até as 20 horas, quando ficou escuro, e fui ao centro da cidade. Varsóvia estava irreconhecível. Como foi possível mudar tão diametralmente de aparência em apenas algumas horas?

Todas as lojas estavam fechadas, os bondes não circulavam e apenas carros particulares, totalmente abarrotados, passavam velozmente pelas ruas, todos na mesma direção — na direção da ponte Poniatowski. Um destacamento de soldados marchava sobre a avenida Marszałkowska. Cantavam e marchavam garbosamente, mas apesar disso notava-se entre eles uma postura até então nunca vista: os quepes estavam colocados de forma negligente, cada um carregava o seu rifle da maneira que mais lhe aprouvesse, marchavam fora do ritmo, e os seus rostos denunciavam que iam para o combate por conta própria e que, há muito tempo, já não faziam mais parte de uma máquina perfeita e afiada como deveria ser um exército bem organizado. Da calçada, duas jovens lançavam flores, gritando com entusiasmo. Ninguém prestava atenção. As pessoas passavam apressadas e percebia-se que estavam fugindo para a margem direita do Vístula. Ainda tinham alguns assuntos pendentes e temiam não conseguir resolvê-los antes do definitivo ataque alemão. E também tinham um aspecto diferente do da noite anterior. Pois Varsóvia era uma cidade extraordinariamente elegante. Onde foram parar, tão repentinamente, os homens e as mulheres trajados como se tivessem saído diretamente das revistas de moda?

As pessoas que se deslocavam em várias direções pareciam estar fantasiadas de turistas ou caçadores. Vestidas negligentemente, com calças de esquiar, botas militares, panos nas cabeças, carregando trouxas ou mochilas e bengalas nas mãos, claramente não faziam qualquer esforço para manter um mínimo de civilidade.

As ruas, ainda ontem limpas, hoje estavam cheias de lixo e sujeira. Num dos becos laterais, nas calçadas e nos meios-fios, estavam sentados ou deitados vários soldados que voltaram da frente da batalha. Viam-se nos seus semblantes, posturas e gestos enorme esgotamento e total desânimo. Essa sua atitude era proposital, como se quisessem que as pessoas à sua volta não tivessem quaisquer dúvidas de que se eles estavam ali, e não no *front*, era porque já não havia mais qualquer sentido na luta, e a situação era desesperadora. As pessoas, paradas em grupos nas cercanias, comentavam entre si as notícias deprimentes da frente da batalha trazidas pelos soldados.

Instintivamente comecei a olhar em volta à procura de alto-falantes. Acaso tinham sido retirados? Não. Continuavam em seus lugares, porém mudos.

Segui rapidamente para a rádio. Por que não estavam transmitindo novas informações? Por que ninguém tentava incutir coragem na população com o intuito de sustar essa fuga coletiva? A rádio estava fora do ar. A diretoria abandonara a cidade e somente os caixas permaneceram, em clima de urgência, pagando três meses de salário aos funcionários e artistas a título de indenização.

— O que vamos fazer agora? — agarrei pelo braço um dos funcionários mais graduados.

Olhou para mim com um aspecto ausente, um misto de desprezo e revolta.

— E a quem importa isto? — gritou para mim, sacudindo os ombros; em seguida saiu correndo para a rua, batendo a porta com raiva.

A situação era inaceitável.

Ninguém tentava impedir as pessoas de fugir. Os alto-falantes pendurados nos postes estavam mudos e ninguém limpava a sujeira das ruas. Combater a sujeira ou o pânico? Ou talvez a vergonha de estar fugindo por estas ruas em vez de lutar por elas?

Ninguém devolverá a esta cidade a sua dignidade perdida. Tudo parecia a imagem da derrota.

Retornei para casa com o coração partido.

Ao anoitecer do dia seguinte, um dos primeiros obuses da artilharia alemã atingiu um depósito de madeira situado em frente ao nosso edifício. O efeito imediato foi o espatifar da vitrine da loja da esquina perto do prédio, cuidadosamente protegida com tiras de papel branco.

2 ~ Os primeiros alemães

Graças a Deus, a situação melhorou nos dias que se seguiram. A cidade foi declarada uma fortaleza e recebeu um comandante que fez um apelo à população para que permanecesse ali mesmo e se preparasse para a defesa. Do outro lado do rio foi organizada uma contraofensiva das forças polonesas, enquanto a nossa função seria a de conter as principais forças inimigas nas cercanias de Varsóvia, até que o Exército pudesse vir em nossa ajuda. Também em Varsóvia a situação melhorou: os obuses da artilharia alemã cessaram de cair sobre a cidade.

Em compensação intensificaram-se os ataques aéreos. Já não soavam os alarmes. Paralisavam em demasia a cidade e perturbavam a preparação da sua defesa. Quase de hora em hora surgiam no alto, num céu excepcionalmente azul de outono, silhuetas prateadas de bombardeiros em meio à fumaça branca dos projéteis da nossa artilharia antiaérea. Nestas horas devia-se descer imediatamente para os porões. Isso já não era brincadeira: os pisos e as paredes dos abrigos vibravam, enquanto bombas caíam por toda a cidade e certamente cada uma delas, tal como uma bala de roleta-russa, ao acertar uma casa em cujo porão abrigava-se alguém, significava a morte. Pela cidade corriam incessantemente ambulâncias; quando eram insuficientes, juntavam-se a elas coches e até carroças para transportar os feridos e os mortos retirados dos escombros.

O moral da população estava alto e o entusiasmo crescente. Não estávamos agora, como antes, em 7 de setembro, abandonados à nossa própria sorte. Formávamos um exército organizado, com um Estado-Maior, dispondo de munição e tendo diante dos olhos um só objetivo: a defesa da cidade. O resultado dos nossos esforços dependia exclusivamente de nós. Devíamos dedicar a ele todas as nossas forças. Entre as pessoas reinava um ambiente positivo e o entusiasmo crescia a cada momento.

O general-comandante apelou à sociedade para que participasse cavando fossos em torno da cidade a fim de dificultar o ataque dos tanques alemães. Todos se apresentaram para esta tarefa. Na nossa casa ficou apenas minha mãe para tomar conta do apartamento e preparar o almoço.

Cavávamos na periferia da cidade, ao longo de um dos morros de Wola. Às nossas costas havia um lindo bairro de vilas e diante de nós, um pinheiral. O trabalho teria sido até prazeroso se até ali não nos perseguissem as bombas. Na verdade, não caíam tão próximo, mas não me sentia à vontade ouvindo os seus assobios e tendo a consciência de que uma delas poderia cair sobre nós.

Ao meu lado, no primeiro dia, trabalhava um velho judeu de gibão e solidéu. Cavava com determinação bíblica, atirando-se contra o cabo da pá como sobre um inimigo mortal; espumando pela boca, com o rosto cinzento e coberto de suor, sacudido por espasmos de músculos retesados e rangendo os dentes. Seu exaustivo e obstinado trabalho não apresentava quaisquer resultados visíveis. A pá mal penetrava no solo endurecido, e os poucos torrões assim obtidos caíam de novo na vala, antes que ele tivesse tempo de tirá-los de lá. A cada momento apoiava-se na borda da fossa e tossia com estertor. Mortalmente pálido, bebericava um chá de hortelã que as mulheres idosas, já fisicamente incapazes para o trabalho mas desejando ser úteis, traziam para mitigar a sede dos que trabalhavam.

— Isso é pesado demais para o senhor — disse-lhe num momento de descanso. — O senhor deveria parar, já que lhe faltam forças.

Sentia pena dele e tentava convencê-lo a desistir. Era mais do que evidente que um trabalho dessa natureza ultrapassava as suas possibilidades.

— Ninguém o está obrigando a isso...

Olhou para mim respirando com dificuldade, levantou os olhos para o céu, onde se notavam ainda as nuvens das explosões dos projéteis, e no seu olhar pude notar uma expressão de felicidade, como se o próprio Jeová tivesse aparecido no firmamento naquele momento.

— Tenho uma loja — sussurrou.

Puxou o ar com força, e então veio o choro. Suas feições assumiram um ar de desespero e ele atirou-se novamente sobre a pá em um esforço sobre-humano.

Dois dias depois interrompi aquele trabalho. Fui informado de que a rádio voltara a funcionar com um novo diretor —

Edmund Rudnicki, antigo chefe do departamento de música. Ele não tinha fugido como os demais. Estava tentando reunir os colaboradores dispersos para fazer funcionar a emissora. Cheguei à conclusão de que seria mais útil lá do que cavando fossos. E foi o que aconteceu: toquei muito, às vezes como solista, outras como acompanhador.

As condições de vida na cidade pioravam a olhos vistos, na razão inversa da crescente coragem da população.

A artilharia alemã voltou a bombardear a cidade. No início os subúrbios, depois o centro. Era cada vez maior o número de casas sem as vidraças, com marcas de projéteis ou com as paredes destruídas. À noite, o céu ficava vermelho devido aos incêndios e o ar, cheio de fumaça. Os alimentos estavam ficando cada vez mais escassos. Este foi o único ponto no qual o heroico prefeito Starzyński não teve razão: não devia ter aconselhado a população a não estocar comida. A cidade precisava alimentar não somente a si mesma, mas também aos soldados do Exército *Poznań*, que, vindo do oeste, conseguiu atravessar o cerco e entrar em Varsóvia para reforçar a sua defesa.

Por volta de 20 de setembro nos mudamos do apartamento na rua Śliska para o apartamento dos nossos amigos: na rua Pańska. Este apartamento ficava no primeiro andar. Os andares mais baixos aparentavam ser menos ameaçados e tinha-se a impressão de que não era preciso descer aos porões durante os ataques. Ninguém gostava dos abrigos antiaéreos com o seu ar pesado e irrespirável, pé-direito baixo, parecendo que iriam desabar a qualquer momento soterrando todos nos escombros do edifício. No nosso apartamento do terceiro andar ouvíamos, através das janelas desprovidas das vidraças, o som agudo dos projéteis que poderiam nos atingir a qualquer momento. Assim, escolhemos ficar no primeiro andar dos nossos amigos, apesar de muitas outras pessoas terem lá se refugiado e termos que ficar apertados e dormir no chão.

O cerco de Varsóvia, primeiro capítulo da trágica história da cidade, se consumara.

Chegar à rádio tornava-se cada vez mais difícil. Nas ruas havia cadáveres por toda parte e bairros inteiros ardiam em chamas. Há bastante tempo não se pensava mais em apagar os incêndios, sobretudo por ter a artilharia inimiga destruído o sistema de hidrantes. Trabalhar no estúdio era perigoso. Os canhões alemães miravam especialmente os pontos mais importantes da cidade e bastava o locutor anunciar um concerto para que aumentasse imediatamente o fogo sobre a emissora.

A histeria da população quanto à sabotagem adquiriu, naqueles dias, o seu ponto máximo. Qualquer pessoa podia ser acusada de espionagem e fuzilada antes que a situação fosse esclarecida.

No edifício para o qual nos mudamos, morava, no quarto andar, uma certa senhora — professora de música. Deu azar: chamava-se Hoffer e era corajosa, porém sua coragem deveria ser considerada mais como uma esquisitice. Não havia ataque aéreo que a convencesse a descer para o abrigo e abandonar os seus exercícios matinais diários ao piano. Com característica teimosia, alimentava os seus pássaros nas gaiolas da varanda três vezes por dia. Este tipo de comportamento parecia muito estranho na Varsóvia sitiada. As empregadas do edifício, que se reuniam diariamente na casa do zelador para conferências de caráter político, consideraram tudo muito suspeito. Após longos debates chegaram à conclusão de que a professora, com um sobrenome definitivamente estrangeiro, era alemã, e que sinalizava com um código secreto (a sua performance ao piano) à aviação inimiga onde deveria lançar as bombas. E, antes que pudéssemos fazer algo, essas furiosas mulheres invadiram o apartamento da excêntrica senhora, levaram-na para baixo e a prenderam num dos porões, junto com os seus pássaros, que seriam a prova da sua atividade de espiã. Querendo ou não, com essa medida salvaram a sua vida: algumas horas depois o apartamento dela foi totalmente destruído por um dos projéteis.

No dia 23 de setembro toquei pela última vez na Polskie Radio. Nem eu mesmo sei como cheguei à emissora. Fui me esgueirando de vão em vão, escondendo-me de vez em quando, passando a correr quando não ouvia o assobio de bombas nas cercanias. Na porta de entrada encontrei o prefeito Starzyński. Estava com a roupa em desalinho e o seu rosto demonstrava um cansaço mortal. Não dormia há várias noites, era a alma da resistência e o herói da cidade. Sobre seus ombros pesava a responsabilidade pelo destino de Varsóvia. Estava em todos os lugares: controlava a primeira linha das trincheiras, conduzia a construção das barricadas, ocupava-se dos hospitais, da justa distribuição dos poucos alimentos, da organização da defesa antiaérea e das brigadas de incêndio, e encontrava tempo para falar diariamente pelo rádio à população. Todos aguardavam os seus discursos e encontravam neles algum otimismo. Ninguém tinha motivos para perder a coragem enquanto o prefeito não mostrasse desesperança. Na verdade, a situação não parecia das piores. Os franceses haviam atravessado a linha Siegfried, os ingleses tinham bombardeado Hamburgo e a cada momento aguardava-se a invasão da Alemanha. Pelo menos era o que todos pensávamos.

Naquele dia eu deveria tocar Chopin. Esta foi, como vim a saber depois, a última audição de música ao vivo da Polskie Radio. As bombas caíam sem cessar ao redor do estúdio, enquanto os edifícios em volta ardiam em chamas. Diante deste estrondo, mal pude ouvir o som do meu próprio piano. Após o concerto tive de aguardar por duas horas até que o fogo da artilharia diminuísse o suficiente para que eu pudesse voltar para casa. Meus pais, minhas irmãs e meu irmão já estavam temerosos de que algo me houvesse acontecido e me saudaram como se eu tivesse vindo do além. Somente a nossa empregada achava que toda aquela comoção não tinha razão de ser.

— Como ele estava com os documentos no bolso — ela explicou —, se tivesse morrido as pessoas saberiam para onde levá-lo...

Naquele dia, alguns minutos depois das 15 horas, a emissora saiu do ar. Estava transmitindo uma gravação do "Concerto em dó menor de Rachmaninoff" e, no momento em que estava terminando o belo e calmo segundo movimento, uma bomba alemã destruiu a central elétrica, e os alto-falantes da cidade ficaram mudos. Ao entardecer eu tentava ainda, apesar de a artilharia alemã voltar a demonstrar sua fúria, trabalhar na composição de meu concertino para piano e orquestra. Continuei me dedicando a isso depois, até o final de setembro, embora cada vez com maior dificuldade.

Ao anoitecer cheguei à janela. A rua, iluminada pelos incêndios, estava deserta e, de vez em quando, ouviam-se os estrondos das explosões. À esquerda ardia a rua Marszałkowska, às minhas costas a rua Królewska e a praça Grzybowski e diante de mim a rua Sienna. Uma pesada cortina de fumaça cor de sangue pairava sobre os edifícios. As ruas e as calçadas estavam cobertas por panfletos alemães, que ninguém pegava, pois — acreditava-se — estariam envenenados. Debaixo de um dos lampiões jaziam dois corpos, um com os braços abertos em cruz, o outro como se estivesse apenas dormindo. Diante da porta do nosso edifício jazia o cadáver de uma mulher, sem braços e sem cabeça. A seu lado, um balde vazio. Tinha ido buscar água no poço. O fio escuro do seu sangue escorrera até a sarjeta e de lá até o bueiro.

Da rua Wielka aproximava-se lentamente um fiacre. O calmo comportamento, tanto do condutor quanto do cavalo, era incompreensível. Agiam como se nada estivesse ocorrendo à sua volta. No cruzamento com a rua Sosnowa o condutor parou, hesitando sobre que direção deveria tomar. Após uma breve reflexão decidiu seguir em frente, estalou os lábios e o cavalo começou a trotar. Conseguiram deslocar-se talvez uns dez metros, quando se ouviu um sibilar seguido de explosão. Os meus olhos foram ofuscados por uma luz brilhante e quando pude enxergar de novo não havia mais fiacre. Algumas lascas de madeira dilacerada, restos do varal, farrapos de tapeçaria e os corpos dilacerados do homem e do cavalo estavam espalhados junto aos muros dos edifícios. Ele bem que poderia ter dobrado na rua Sosnowa...

Os dias 25 e 26 foram um inferno. As explosões fundiam-se num incessante trovejar ao qual se juntava o som, semelhante ao produzido por furadeiras elétricas, dos aviões de mergulho inimigos. O ar, impregnado de fumaça e poeira, penetrava em todos os lugares e não permitia que as pessoas escondidas nos porões ou nos apartamentos dos andares mais baixos pudessem respirar livremente.

Eu mesmo não sei como pude sobreviver àqueles dois dias. Um fragmento de bomba matou um homem perto de mim, no quarto dos nossos amigos. Passei duas noites e um dia, com mais dez pessoas, fechado num minúsculo banheiro. Algumas semanas depois, ao analisarmos como isto fora possível, e até tentando fechar-nos nele mais uma vez — constatamos que, em situação normal, ali não caberiam mais do que oito pessoas.

Na tarde do dia 27 de setembro, uma quarta-feira, Varsóvia capitulou.

Precisei de mais dois dias até criar coragem para sair à rua. Voltei para casa arrasado: tinha a nítida impressão de que Varsóvia cessara de existir.

O Nowy Świat transformara-se numa estreita trilha por entre escombros. A cada esquina era preciso se esgueirar por entre barricadas formadas por veículos atravessados e placas de cimento arrancadas das calçadas.

Estava caminhando pela avenida Jerozolimskie quando, vindo do lado do Vístula, surgiu uma motocicleta carregando dois soldados com capacetes de aço e vestidos em uniformes esverdeados, totalmente desconhecidos para mim. Tinham rostos impassíveis e olhos cor de água. Pararam junto ao meio-fio e chamaram um menino que vinha passando. Ele aproximou-se.

— *Marschallstrasse! Marschallstrasse!*

Com vozes guturais e ásperas repetiam sempre a mesma palavra — o equivalente em alemão para rua Marszałkowska. O menino olhava para eles em silêncio, com a boca aberta, impossibilitado de emitir qualquer palavra.

Os soldados perderam a paciência. Um deles disse um palavrão, depois fez um sinal de desprezo com a mão, acelerou a motocicleta e partiram.

Estes foram os primeiros alemães que eu vi.

Alguns dias depois os muros de Varsóvia estavam cobertos por avisos bilíngues do comandante alemão, nos quais ele prometia à população polonesa condições seguras de trabalho, bem como a proteção do Estado alemão. Continham também algumas linhas específicas referentes aos judeus, em que lhes era garantida a manutenção de todas as leis, a inviolabilidade dos seus bens, assim como total segurança.

3 ~ As reverências de meu pai

Voltamos para a rua Śliska sem esperanças de encontrar o nosso apartamento intacto. No entanto, com a exceção de algumas vidraças quebradas, tudo estava em ordem. As portas permaneciam trancadas à chave, como as tínhamos deixado, e tudo continuava nos seus lugares. Os edifícios nas redondezas também não tinham sido destruídos. Quando, após alguns dias, começamos a sair de casa para descobrir como estavam nossos amigos, ficou evidente que a cidade — apesar da grande destruição — estava funcionando. Após os bombardeios, as perdas revelaram-se bem menores do que imaginamos. No início, falava-se em cem mil mortos e todos estavam profundamente chocados com este número, pois representava dez por cento da população de Varsóvia. Depois, soube-se que as vítimas chegaram a, aproximadamente, vinte mil.

Entre elas se encontravam alguns amigos nossos, que víramos vivos há poucos dias, e hoje jaziam soterrados por escombros, com os corpos despedaçados por bombas. Dois colegas da minha irmã Regina morreram soterrados no desabamento de um edifício na rua Koszykowa. Mais tarde, ao passar por aquele lugar, tínhamos que tapar o nariz com um lenço. Dos escombros emanava o fedor de oito corpos em decomposição, envenenando o ar em todas as direções. Na rua Mazowiecka um dos meus colegas fora destruído por um projétil de artilharia. Somente graças ao fato de terem encontrado a sua cabeça pôde-se constatar que os pedaços do corpo tinham pertencido a um talentoso violinista. Estas eram notícias terríveis.

No entanto, nada podia ocultar a nossa vergonhosa, quase animalesca, alegria por estarmos vivos e, por enquanto, fora de perigo. Diante da nova realidade, coisas que há um mês tinham muito valor foram destruídas. Alguns detalhes, aos quais antes não se dava qualquer valor, adquiriram nova importância: uma bonita e confortável poltrona, a estufa de cerâmica sobre a qual se podia deter o olhar ou até o barulho que vinha do apartamento acima do nosso — símbolos de uma vida normal e de uma atmosfera doméstica.

Meu pai foi o primeiro a voltar a dedicar-se à música. Tocava por horas a fio o seu violino, ausente assim da realidade. Quando alguém trazendo más notícias tentava afastá-lo do instrumento, ele ouvia com ar preocupado e a testa franzida para dizer depois, com o rosto sereno:

— Mas isto pouco significa! Afinal, os Aliados estarão aqui em menos de um mês.

Essa reação a todas as perguntas e problemas era o seu jeito de se isolar no extraterreno mundo da música, no qual ele se sentia melhor.

Infelizmente, as primeiras notícias trazidas pelas pessoas que conseguiram salvar os seus rádios munidos de baterias não confirmavam o otimismo do meu pai. A realidade era outra: os franceses não estavam tentando transpor a linha Siegfried, os ingleses cessaram os seus bombardeios sobre Hamburgo e nem havia menção a planos de invasão da Alemanha. Além disso, tiveram início as *łapanka*[1] em Varsóvia. As primeiras eram conduzidas de forma desleixada, como se os alemães estivessem envergonhados deste novo método de atormentar as pessoas. Além disso, faltava experiência aos seus executores. Pequenos carros particulares circulavam pelas ruas, paravam inesperadamente perto de passantes judeus, abria-se a porta, e do seu interior surgia uma mão, cujo dedo indicador fazia um gesto: "Entre!" As pessoas que retornavam destas *łapanka* falavam das primeiras agressões físicas: não eram ainda por demais graves — limitavam-se a socos no rosto ou alguns pontapés. Estes acontecimentos eram mais sentidos por aqueles que os consideravam injuriosos e que não tinham ainda compreendido que estas agressões não eram, julgando-as do ponto de vista moral, nada mais do que bater ou chutar um animal.

Inicialmente, a indignação geral de todos com os membros do governo polonês e com os comandantes das forças armadas, que fugiram do país abandonando-o à própria sorte, era maior que o ódio aos alemães. Eram lembradas com desgosto as palavras do marechal que havia dito que não cederia ao inimigo nem um botão da sua farda. E realmente não cedeu —

---

[1] Detenção de pessoas escolhidas aleatoriamente nas ruas da cidade. (*N. do T.*)

levou a farda com ele ao fugir da Polônia. Havia até quem vaticinasse que as coisas poderiam ficar mesmo melhores, pois os alemães acabariam com a desordem reinante na Polônia.

Apesar de os alemães nos terem derrotado na luta armada, começavam a perder a guerra política. A derrota decisiva ocorreu em dezembro de 1939, quando fuzilaram em Varsóvia os primeiros cem homens totalmente inocentes. Em poucas horas, ergueu-se uma muralha de ódio entre poloneses e alemães, que nunca mais pôde ser demolida, apesar dos frequentes gestos de boa vontade dos alemães nos anos derradeiros da ocupação.

Surgiram os primeiros decretos alemães, cuja desobediência era punida com a morte. O mais importante deles referia-se ao comércio de pão: qualquer pessoa flagrada vendendo ou comprando pão por preço superior ao vigente antes da guerra era sujeita à pena de morte por fuzilamento. O decreto teve um efeito devastador entre nós. Durante vários dias não comemos pão, alimentando-nos com batatas e alguns pratos que continham farinha. Depois, Henryk notou que o pão continuava existindo, que era comprado, e que os compradores não eram imediatamente assassinados. Assim, nós também voltamos a comprá-lo. O decreto nunca foi revogado, e, considerando que todos compravam e comiam pães durante os cinco anos da guerra, milhões de sentenças de morte deveriam ter sido promulgadas em todo o território dominado pelos alemães. Passou-se muito tempo até nos convencermos de que não eram os decretos alemães que traziam o verdadeiro perigo, que este na verdade derivava de algo totalmente inesperado que, sem ter sido previamente anunciado e caindo como um raio do céu, poderia atingir qualquer um.

Pouco tempo depois, surgiram os primeiros decretos dirigidos exclusivamente contra os judeus. Os alemães passaram a tomar posse dos seus imóveis. Foi anunciado também que nenhuma família poderia possuir mais de 2 mil złoty. Quantias superiores, bem como objetos de valor deveriam ser depositados nos bancos. Evidentemente ninguém era ingênuo a ponto de entregar, de mão beijada, qualquer coisa valiosa ao inimigo. Nós também decidimos esconder tudo, embora toda a nossa fortuna consistisse em um relógio de bolso de ouro do meu pai e 5 mil złoty em espécie.

A escolha do lugar onde iríamos esconder tudo isso causou uma grande discussão. Meu pai sugeriu o mesmo método usado na guerra de 1914-18: fazer um furo no interior de uma das pernas da mesa.

— E o que faremos se levarem a mesa? — perguntou Henryk ironicamente.

— Que disparate! — respondeu meu pai com indignação. — Para que eles iriam precisar de uma mesa como esta?

Olhou com desprezo para o móvel, cujo tampo lustrado apresentava várias marcas de líquidos nele derramados e que num dos cantos estava descascado. Aproximou-se repentinamente e enfiou o dedo debaixo da casca, quebrando um pedaço do revestimento e deixando à mostra a madeira crua. Esse gesto deveria retirar do móvel o último vestígio do seu esplendor.

— O que você está fazendo? — repreendeu-o minha mãe.

Henryk tinha uma proposta diferente. Na sua opinião, deveríamos aproveitar elementos de psicologia — o relógio e o dinheiro deveriam ficar, bem visíveis, em cima da mesa.

Assim não seriam notados pelos alemães à procura dos mais diversos esconderijos.

Finalmente chegamos a um acordo. O relógio foi escondido debaixo do armário, a corrente, no estojo do violino do meu pai e o dinheiro, grudado na armação da janela.

Embora assustadas com o rigor das leis alemãs, as pessoas não perdiam o ânimo, confortando-se com a ideia de que a qualquer momento Varsóvia seria entregue pelos alemães à Rússia soviética, que a devolveria à Polônia o mais breve possível. A fronteira, às margens do rio, ainda não tinha sido definida e constantemente vinham pessoas do outro lado do Vístula jurando terem visto com os próprios olhos unidades do Exército soviético em Jabłonna ou então em Garwolin. Ao mesmo tempo, não faltavam aqueles que juravam ter visto russos retirando-se de Vilnius e de Lviv, passando o controle destas cidades aos alemães. Não era fácil saber em quem se deveria acreditar.

Muitos judeus não esperaram pela chegada dos russos para ir embora. Vendiam as suas propriedades em Varsóvia e partiam para o leste, única direção para a qual ainda podiam fugir dos alemães. Quase todos os meus colegas estavam de partida e tentavam convencer-me a seguir com eles. Decidimos em família que, assim como da outra vez, iríamos ficar.

Um desses colegas voltou depois de dois dias, sem mochila e sem dinheiro, alquebrado e cheio de escoriações. Tinha visto cinco judeus sendo açoitados, despidos da cintura para cima, depois de presos pelos braços em árvores. Presenciara também a morte do Dr. Haskielewicz a quem os alemães, ao saberem que pretendia atravessar a fronteira, obrigaram-no a entrar no rio, cada vez mais fundo, até não aguentar mais e morrer afogado. Vários judeus, embora roubados e espancados, conseguiram chegar à Rússia. Do meu amigo apenas tomaram o dinheiro e seus pertences, espancaram-no e o mandaram de volta.

Compadecemo-nos do pobre homem, mas estávamos convictos de que ele estaria bem melhor se tivesse tomado a mesma decisão que nós. A nossa escolha não foi feita em função de quaisquer princípios lógicos. Mesmo que eu não quisesse, pois isso soaria um tanto patético, precisava confessar que, ao tomar tal medida, a razão primordial tinha sido a nossa afeição por Varsóvia.

Quando penso em *nossa*, considero todos que me são mais próximos, exceto meu pai. Se ele ficou, foi porque não queria distanciar-se demais de Sosnowiec, de onde provinha. Ele jamais gostara muito de Varsóvia e, quanto mais difícil era nossa situação, mais sentia saudades da sua cidade natal e mais a idealizava. Somente lá tudo era belo e certo, as pessoas amavam a música, davam valor à sua maneira de tocar o violino e somente lá se podia tomar um bom chope, enquanto aqui, em Varsóvia, era servido um repugnante e repulsivo chá aguado. Após o jantar, meu pai entrelaçava as mãos sobre o ventre, sentava numa poltrona confortável, semicerrava os olhos em devaneio e nos entediava com as suas monótonas reminiscências de uma Sosnowiec que existia apenas na sua imaginação repleta de saudade.

Nas últimas semanas de outono, quase dois meses após a entrada dos alemães, Varsóvia voltou ao seu ritmo normal de vida de uma forma repentina e inesperada. A fácil retomada das atividades econômicas foi, para todos nós, mais uma surpresa nesta guerra tão estranha, na qual tudo ocorria de forma diversa da que se esperava. Uma grande cidade, a parcialmente destruída capital de um país de vários milhões de habitantes, com um exército de trabalhadores desempregados, tinha recebido ondas de refugiados de Ślask, de Pomorze e das cercanias de Poznań. Surpreendentemente, estas pessoas, sem teto sobre as suas cabeças, sem qualquer chance de arrumar um emprego e sem quaisquer perspectivas para o futuro, descobriram que poderiam ganhar rios de dinheiro burlando os decretos alemães. Quanto mais decretos surgiam, maiores eram as possibilidades de se obter ganhos ilícitos.

Havia duas formas de vida: a primeira, de acordo com as leis, na qual as pessoas tinham que trabalhar desde a manhã até a noite, quase morrendo de fome, e a segunda, ilegal, cheia de inacreditáveis possibilidades de se fazer fortuna, com um ativo comércio de dólares, diamantes, farinha, peles, ou então de documentos falsos. É verdade que essas atividades eram constantemente ameaçadas com a pena de morte, mas também eram compensadas por idas de riquixá às festas em bons restaurantes.

Não eram muitos os que viviam em opulência. Todos os dias, ao retornar à noite para casa, eu via uma mulher sentada no vão de uma das casas da rua Sienna cantando tristes canções russas. Ela começava a mendigar somente depois do escurecer, como se temesse ser reconhecida. Vestia um costume cinza, cujo aspecto elegante indicava que sua proprietária já tinha vivido tempos melhores. Na tênue luz do anoitecer, o seu lindo rosto parecia estar morto e os seus olhos ficavam fixos num ponto exato, bem acima das cabeças dos passantes. Cantava com uma voz agradável e suave, acompanhando-se com maestria num acordeão. Toda a sua postura e a forma com que se encostava ao muro permitiam reconhecer nela uma mulher de classe, a quem somente a guerra poderia obrigar a obter o seu sustento dessa forma. Até que ganhava bem. O pandeiro enfeitado por fitas multicoloridas, que evidenciava o seu estado de mendicância e que ela colocava junto aos pés deixando bem claro que esperava por esmolas, sempre continha moedas e até algumas notas de 5 złoty.

Também eu, embora por motivos bem diversos, saía de casa somente ao anoitecer. Entre os vários decretos incômodos dirigidos contra os judeus, havia um que não estava escrito, mas que devia ser diligentemente seguido: os homens com ascendência judaica tinham que fazer uma reverência diante de qualquer soldado alemão que encontrassem pelo caminho. Este decreto imbecil e ofensivo levava Henryk e a mim à loucura. Fazíamos de tudo o que era possível para evitá-lo. Quando víamos um alemão se aproximando, atravessávamos a rua, e, quando já não podíamos evitar o confronto, virávamos a cabeça, fingindo que não o tínhamos visto, embora sujeitos a levar, no mínimo, uma surra.

Meu pai agia de uma forma totalmente diversa. Procurava as ruas mais movimentadas para passear e cumprimentava os alemães com exagerados gestos de devoção, mostrando-se encantado quando um militar, enganado pelo seu sorriso, retribuía afavelmente o cumprimento, como se fossem conhecidos de longa data. Ao voltar para casa, não conseguia furtar-se ao prazer de comentar como crescera o seu círculo de relações:

bastava sair por um instante à rua e era imediatamente cercado por conhecidos. Não conseguia livrar-se deles e chegava a sentir dor no braço de tanto levantar o chapéu. Falava disso conosco com um sorriso malicioso, esfregando as mãos de contentamento.

No entanto, não se devia menosprezar a malícia dos alemães. Fazia parte de um programa cujo objetivo era o de nos manter em constante estado de tensão e preocupados quanto ao futuro. A cada dia surgiam novos decretos, aparentemente sem importância alguma, mas deixando bem claro que os alemães não nos haviam esquecido e, nem pretendiam fazê-lo.

Os judeus foram proibidos de viajar de trem. Tinham que pagar quatro vezes mais que os arianos por um bilhete de bonde. Surgiram os primeiros rumores de que seria criado um gueto; circularam por dois dias, levando as pessoas à loucura, para subitamente silenciarem.

4 ~ O gueto

No final de novembro, quando os dias ensolarados de um outono excepcionalmente longo tinham se tornado mais raros e eram cada vez mais frequentes os dias chuvosos, meu pai, Henryk e eu defrontamo-nos pela primeira vez com a morte.

Estávamos os três visitando uns amigos quando me dei conta da hora e constatei, com pavor, que o toque de recolher iria soar dentro de poucos minutos. Era necessário sair imediatamente. Não tínhamos a mínima chance de chegar em casa a tempo, mas achávamos que um pequeno atraso não chegava a ser um pecado mortal. Decidimos, portanto, correr o risco.

Vestimos os casacos, despedimo-nos apressadamente e saímos correndo. As ruas estavam desertas e escuras. A chuva fustigava os nossos rostos enquanto rajadas de vento sacudiam as placas das lojas, enchendo o ar com sons metálicos. Levantamos as golas dos casacos e fomos nos esgueirando junto às paredes, tentando andar o mais rápido possível. Já tínhamos chegado à rua Zielna e parecia que chegaríamos em casa com segurança, quando, ao virarmos a esquina, deparamos com uma patrulha da gendarmaria. Não havia mais tempo de fugir ou de se esconder. Paramos iluminados pela ofuscante luz das suas lanternas e um dos gendarmes aproximou-se para olhar atentamente os nossos rostos.

— Vocês são judeus?

A pergunta tinha um cunho retórico, uma vez que não esperou pela nossa resposta.

— Muito bem...

Sua voz denotava um certo triunfo, por ter conseguido caçar uma presa tão valiosa, e tinha um tom de ameaça e de escárnio. Antes que pudéssemos nos dar conta do que eles pretendiam, colocaram-nos com os rostos voltados contra o muro, afastaram-se alguns metros e engatilharam as suas armas. Então será assim a nossa morte... Virá em poucos segundos. Depois ficaremos jogados ali, esperando a manhã seguinte, banhados em sangue e com os crânios despedaçados, até que minha mãe e minhas irmãs fossem informadas do que ocorrera e viessem correndo. Os nossos amigos hão de se sentir culpados por terem permitido que saíssemos àquela hora. Todos estes pensamentos passavam por minha cabeça, não chegando plenamente à consciência, como se se tratasse de outra pessoa. Ouvi quando alguém falou:

— Isto é o fim!

Somente depois de alguns instantes me dei conta de que era a minha própria voz. Alguém começou a chorar. Virei a cabeça e vi, iluminado pelas lanternas, o vulto do meu pai de joelhos no asfalto molhado, soluçando e implorando aos gendarmes que poupassem as nossas vidas. Como podia humilhar-se a este ponto? Henryk estava curvado sobre ele, murmurava-lhe algo e tentava levantá-lo. Meu irmão Henryk, que adotava sempre um sorriso cheio de sarcasmo, era, naquele momento, um ser cheio de ternura e de meiguice. Nunca o tinha visto assim. Claramente habitava nele uma outra pessoa, bem diferente da que eu conhecia, com a qual eu poderia conviver em paz, sem permanentes discussões, se tivesse tido a oportunidade de tê-la percebido antes. Voltei--me novamente para o muro. A nossa situação continuava desesperadora. Meu pai chorava, Henryk tentava acalmá-lo e os alemães continuavam a mirar suas armas em nós. Não podíamos vê-los atrás das lanternas.

Repentinamente, numa fração de segundo, senti instintivamente que não corríamos perigo de vida. Passaram-se alguns instantes, e ouvimos um grito:

— Qual é a profissão de vocês?

Henryk, com excepcional presença de espírito e uma voz tão calma como se nada de especial estivesse acontecendo, respondeu em nome de todos:

— Somos músicos.

Um dos gendarmes aproximou-se de mim, agarrou-me pela gola do casaco e sacudiu-me raivosamente, embora não tivesse para isto qualquer motivo, já que tinha decidido poupar-nos.

— Vocês têm sorte por eu ser músico também!

Bateu em mim com tanta força, que rolei até o muro.

— Sumam daqui!

Saímos correndo na direção da penumbra para deixar rapidamente a área iluminada pelas lanternas, temendo que os gendarmes pudessem mudar de opinião. Ouvimos, cada vez mais distante, o início de uma grande discussão. Os outros dois gendarmes repreendiam o nosso salvador por ter-nos poupado, a nós que éramos os únicos culpados por esta guerra na qual estavam morrendo tantos alemães inocentes.

Infelizmente, os alemães não morriam tão depressa quanto conseguiam enriquecer. As invasões das casas de judeus por bandos alemães tornaram-se cada vez mais frequentes. Roubavam objetos de valor e móveis, carregando-os em caminhões. Em pânico, as pessoas desfaziam-se de todos os bens valiosos, substituindo-os por objetos vulgares que ninguém iria cobiçar. Nós também vendemos quase tudo que tivesse valor, mas não por medo de sermos roubados, e sim por estarmos em má situação financeira. Ninguém na família tinha jeito para negócios. Regina bem que tentara, mas não teve sucesso. Sendo jurista, possuía um agudo sentimento de justiça e não sabia como pedir um preço exorbitante por qualquer objeto. Desistiu logo de ser comerciante para dar aulas particulares de direito. Meus pais e Halina passaram a dar aulas de música e Henryk, de inglês. Somente eu não conseguia forçar-me a exercer qualquer trabalho razoavelmente remunerado. Mergulhado em profunda depressão, conseguia, de vez em quando, trabalhar na instrumentação do meu concertino.

Na segunda quinzena de novembro, os alemães, sem qualquer explicação, começaram a isolar o lado setentrional da rua Marszałkowska com cercas de arame farpado. No final do mês surgiu um edital, no qual ninguém de início queria acreditar. Ultrapassava as nossas mais sombrias previsões: entre 1 e 5 de dezembro, todos os judeus deveriam munir-se de braçadeiras brancas com uma estrela de davi bordada em azul e branco. Dessa forma iríamos ser estigmatizados e diferenciados publicamente como seres "destinados ao repúdio". O edital eliminava vários séculos de avanços humanos, substituindo-os por métodos da Idade Média.

A intelectualidade judaica se encarcerou por semanas a fio em uma autoimposta prisão domiciliar. Ninguém tinha coragem de sair à rua portando a braçadeira, e, quando isso era inevitável, as pessoas tentavam esgueirar-se sorrateiramente, com a cabeça abaixada e o rosto coberto de vergonha e dor.

Seguiram-se meses de um inverno excepcionalmente rigoroso. O intenso frio favorecia os alemães na sua tarefa de atormentar as pessoas. Os termômetros registravam as temperaturas mais baixas de que se tinha lembrança. Faltava carvão e o seu preço atingia níveis estratosféricos. Lembro-me de que havia dias em que não podíamos sair da cama devido ao frio insuportável. Nesses dias gélidos começaram a chegar a Varsóvia trens com judeus deportados da parte ocidental da Polônia. Apenas uma parcela deles chegava ao seu destino com vida. Eram embarcados em vagões selados, destinados ao transporte de gado — as pessoas ficavam enclausuradas sem comida, água ou calefação por dias e dias. Quando os trens chegavam ao seu destino, somente a metade deles ainda estava viva, e mesmo assim com terríveis ulcerações. Os demais, rígidos pelo frio, estavam em pé entre os vivos e caíam por terra, mortos, quando os vagões eram abertos.

Parecia que a situação não poderia piorar. Assim pensavam somente os judeus, pois os alemães tinham outra opinião. De acordo com a sua tática de implementar cada vez mais terror, emitiram novos decretos. O primeiro deles determinava a deportação para trabalhos forçados em campos de concentração, onde os judeus receberiam uma educação social, que lhes permitiria deixar de ser os "parasitas do sadio organismo da raça ariana". Referia-se a todos os homens válidos, com a idade entre 12 e 60 anos, bem como às mulheres entre 14 e 45 anos. O segundo decreto descrevia o processo do registro e da deportação. Os alemães não queriam se ocupar com isso e delegaram essa função ao Conselho Judaico. Teríamos que ser os nossos próprios carrascos, preparar o nosso extermínio nós mesmos, executar algo como um sancionado suicídio coletivo. A deportação foi planejada para o início da primavera.

O Conselho decidiu fazer tudo o que fosse possível para poupar os intelectuais. Cobrando mil złoty por pessoa, substituía alguém que fora registrado por um trabalhador do proletariado judaico. Obviamente, nem todo este valor chegava às mãos dos pobres substitutos: os funcionários do Conselho tinham também que cuidar da sua vida, uma vida bem suprida de vodca e comidas finas.

Finalmente chegou a primavera. As esperadas deportações não ocorreram. Mais uma vez constatou-se que as decisões oficiais dos alemães nem sempre eram executadas. Pelo contrário — ocorreu um prolongado relaxamento nas relações judaico-alemãs, o que parecia cada vez mais genuíno, já que ambas as partes estavam excessivamente ocupadas acompanhando os acontecimentos no *front*.

Com a chegada da primavera, esperávamos que os Aliados, que tiveram bastante tempo para se preparar durante o inverno, atacassem simultaneamente da França, Bélgica e Holanda, atravessassem a linha Siegfried, ocupassem a Baviera, a bacia do Saar e a parte setentrional da Alemanha, conquistando Berlim antes da chegada do verão e libertando Varsóvia. A cidade vivia na expectativa deste ataque, como se fosse um feriado nacional. Entrementes, os alemães invadiram a Dinamarca, o que, de acordo com os "políticos" locais, não tinha o menor significado, uma vez que lá ficariam cercados.

Afinal, no dia 10 de maio, a aguardada ofensiva teve início, só que não a dos aliados, mas sim a dos alemães. A Holanda e a Bélgica caíram nas mãos do inimigo e a França foi atacada. Contudo não se devia perder a esperança. Era uma reprise de 1914. Até os generais que comandavam as forças francesas eram os mesmos: Pétain, Weygand — a elite dos estrategistas da escola de Foch. Podíamos ter certeza de que saberiam enfrentar a Alemanha da mesma forma como haviam feito no passado.

No dia 20 de maio, recebemos a visita de um violinista, meu colega de trabalho. Tínhamos planejado tocar uma das nossas sonatas preferidas de Beethoven, algo que não fazíamos há muito tempo. Vieram também outros amigos, e minha mãe, querendo nos fazer uma surpresa, preparou um lanche. Era um lindo dia ensolarado, bebíamos um excelente café, degustávamos uma torta feita por ela para essa ocasião e exibíamos excelente humor; todos sabiam que os alemães estavam prestes a iniciar o ataque a Paris, mas ninguém parecia preocupado com isso. Havia a linha defensiva do rio Marne onde tudo deveria parar, assim como na *fermata* do segundo movimento do *Scherzo* em si bemol de Chopin, e onde os alemães, no mesmo ritmo oitavado em que conseguiram avançar tão rapidamente, bateriam em retirada recuando até as suas fronteiras, depois ainda mais longe, até o acorde final da vitória dos Aliados.

Acabamos de tomar o café e queríamos começar a tocar. Sentei ao piano cercado por ávidos apreciadores de música, capazes de reconhecer o prazer que os aguardava. O violinista colocou-se à minha direita, enquanto à minha esquerda sentou-se uma jovem e linda amiga de Regina, que iria virar as páginas da partitura. Que mais me poderia faltar para a felicidade total? Esperamos ainda alguns momentos por Halina, que tinha ido à loja da esquina para dar um telefonema. Voltou com uma edição extra de jornal. A primeira página continha, em letras gigantescas, provavelmente as maiores disponíveis na tipografia, apenas duas palavras: PARIS CONQUISTADA!

Apoiei a cabeça no piano e, pela primeira vez naquela guerra, caí em pranto.

Agora, embriagados pela vitória, os alemães novamente voltariam a se concentrar em nós, embora não se pudesse dizer que fôramos esquecidos durante a luta na frente ocidental. Os roubos, as evacuações e as deportações dos judeus para trabalhos forçados na Alemanha continuavam sem cessar, mas todos já tinham aprendido a conviver com isso. Agora deveríamos aguardar algo pior. Em setembro tiveram início as primeiras deportações para os campos de trabalho em Belz e Hrubieszów. Os judeus que lá recebiam a "devida reeducação" trabalhavam por dias a fio mergulhados em água até a cintura, cavando fossas sanitárias, e sua alimentação consistia em cem gramas de pão e um prato de sopa rala. Este trabalho não durou dois anos — como fora previsto — mas somente três meses, contudo foi o bastante para esgotar todos fisicamente e para que alguns contraíssem tuberculose.

Os homens que permaneceram em Varsóvia tinham que se apresentar para os mais diversos trabalhos; todos deveriam realizar trabalhos braçais pelo menos seis dias por semana. Eu fazia o máximo possível para evitar estes trabalhos. Preocupava-me sobretudo com os meus dedos: bastaria apenas uma pequena lesão nas articulações, uma distensão muscular ou um insignificante ferimento para que a minha carreira de pianista fosse encerrada. Henryk via a situação de um modo totalmente diverso: na opinião dele, os envolvidos em atividades de criação intelectual deveriam sentir o gosto do pesado trabalho físico para poder apreciar o seu valor. Em função disso, apresentou-se como voluntário, mesmo que significasse a necessidade de interromper seus estudos.

Pouco tempo depois, dois acontecimentos distintos abalaram a cidade: o primeiro foi o bombardeio alemão sobre a Inglaterra, e o segundo, o surgimento de placas afixadas nas ruas que levavam ao gueto, informando sobre a epidemia de tifo ali reinante e a necessidade de evitar qualquer contato com aqueles locais. Em seguida, no único jornal de Varsóvia editado pelos alemães na língua polonesa veio o comentário oficial sobre o assunto: os judeus são uma praga da sociedade e propagadores de doenças contagiosas. Eles não estavam sendo presos em guetos; esta palavra não deveria ser utilizada. A Alemanha era um país magnânimo e culto e jamais trancafiaria, mesmo uns parasitas como os judeus, em guetos que representam resquícios medievais e que não têm mais lugar na nova ordem europeia. Pelo contrário, o que está sendo planejado é a criação de um bairro especial, habitado exclusivamente por judeus, no qual poderão se sentir à vontade, praticar livremente os seus rituais e desenvolver a sua cultura. Era somente por motivos de higiene que o bairro fora cercado por muros, para que o tifo e outras doenças "judaicas" não contaminassem o restante da população de Varsóvia. O comentário vinha acompanhado de um mapa da cidade, onde eram claramente marcadas as fronteiras do gueto. Nosso único consolo foi constatarmos que a nossa rua fazia parte do mapa e que não teríamos de procurar outro apartamento. Os judeus que moravam fora da área destinada ao gueto se defrontavam com uma situação muito mais difícil, tendo que pagar elevadas luvas para encontrar um teto antes do final de outubro. Os mais afortunados encontraram quartos na rua Sienna, que era a Champs-Élysées do gueto, ou nas suas redondezas. Os demais foram condenados a imundas espeluncas em torno das ruas Gęsia, Smocza e Zamenhof, habitadas, desde tempos imemoriais, pelo proletariado judaico.

Os portões do gueto foram cerrados no dia 15 de novembro. Ao anoitecer daquele dia, eu tive que resolver um assunto no final da rua Sienna, no ponto em que ela se encontrava com a rua Żelazna. Mesmo que estivesse chovendo, o dia era excepcionalmente quente para aquela estação do ano. As ruas escuras estavam repletas de pessoas portando as nefastas faixas brancas no braço. Todos estavam nervosos e agitados, e andavam a esmo, de um lugar para outro, como se fossem animais trancados numa jaula à qual ainda não se tinham acostumado. Ao longo das paredes dos edifícios, sentadas sobre lençóis encharcados por água e lama, viam-se centenas de mulheres em pranto, cercadas por crianças chorando de medo. Tratava-se de famílias judias, transferidas para o gueto no último instante, sem condições de encontrar qualquer abrigo. Numa área já superpovoada há anos, que podia abrigar, no máximo, cem mil pessoas, teriam que viver agora mais de meio milhão.

No final da rua escura, via-se o portão de madeira iluminado por fortes refletores que nos separava dos homens livres, acomodados em amplos espaços na parte restante desta mesma Varsóvia.

E esse era o portão que estávamos proibidos de atravessar a partir daquela data.

Um dia encontrei um dos amigos do meu pai. Também era músico e, assim como ele, tinha uma índole pacífica e jovial.

— E então, o que o senhor acha disto tudo? — perguntou com um riso nervoso, enquanto o seu braço descrevia um círculo, abrangendo as pessoas, os muros e o portão.

— O que eu acho? — respondi. — Vão acabar com todos nós.

Mas o bom velhinho não podia, ou talvez não queria, concordar comigo. Sorriu de novo, talvez um tanto forçado, bateu nas minhas costas e gritou:

— Não se preocupe com isso! — Agarrou-me pelo botão do casaco, aproximou o seu rosto do meu e anunciou com profunda, ou talvez bem fingida, convicção. — Vão nos soltar daqui a pouco. Basta que os americanos tomem conhecimento disso...

5 ~ As danças na rua Chłodna

Hoje, quando tento me lembrar de tudo que passei no gueto de Varsóvia durante quase dois anos, de novembro de 1940 a julho de 1942, as lembranças se fundem numa só imagem, como se tudo tivesse durado apenas um dia. Por mais que tente, não consigo desdobrá-las em partes e arrumá-las em ordem cronológica, como normalmente se faz quando se escreve um diário.

Naturalmente, os acontecimentos daquele período, assim como os dos posteriores, são de conhecimento geral. Os alemães continuaram a caçar seres humanos para trabalhos forçados em todos os territórios da Europa por eles conquistados. Talvez a única diferença fosse que, no gueto de Varsóvia, essas caçadas foram interrompidas subitamente na primavera de 1942. As suas vítimas iriam ter outro destino. Como em toda caçada, era necessário que as caças não fossem exterminadas antes da temporada, para que a grande montaria fosse executada com perfeição e que ninguém ficasse desapontado.

Éramos roubados da mesma forma que os gregos, franceses, belgas ou noruegueses, com a diferença de que isso era feito de uma forma mais sistemática e absolutamente legal. Apenas os alemães autorizados podiam entrar no gueto. Não lhes era permitido roubar-nos por conta própria. Somente a polícia alemã tinha o direito de roubar, de acordo com um decreto do comandante, baseado na lei que trata do roubo, instituída pelo governo do Reich.

Em 1941 os alemães invadiram a Rússia. No gueto, acompanhávamos com a maior atenção o desenrolar desta nova ofensiva. No início com a infundada esperança de que alguém poderia vencer os alemães; depois com dúvidas cada vez maiores quanto ao futuro, nosso e de toda a humanidade. Dúvidas que aumentavam na razão direta do avanço das tropas nazistas sobre o território russo, mas que chegaram a ser substituídas por otimismo quando os alemães requisitaram, sob pena de morte, todos os casacos de pele em poder dos judeus. Ficamos a pensar: as coisas não devem estar indo tão bem se a vitória deles depende dos nossos casacos de raposa ou de castor.

O gueto estava encolhendo. Rua após rua, os alemães foram reduzindo sua área. Exatamente como faziam em toda Europa ocupada, mudando as fronteiras dos países, dividindo-os em dois territórios — um livre e outro ocupado. Parecia que o gueto de Varsóvia representava uma questão tão importante quanto a França, e a decisão de retirar a rua Złota ou a rua Zielna do gueto teria o mesmo impacto no aumento do *Lebensraum* alemão quanto a separação da Alsácia e Lorena da França.

No entanto, nenhum destes acontecimentos tinha maior importância do que uma realidade que não saía de nossas cabeças: estávamos confinados.

Creio que a situação seria mais suportável se nosso confinamento fosse mais evidente — numa cela de prisão, por exemplo. Esta forma de aprisionamento teria deixado clara e inquestionável a relação com o mundo que nos cercava. Saberíamos o que lá nos aguardaria; uma cela de prisão é um mundo em si mesmo, desprovido das ilusões de uma vida normal, com a qual somente poderíamos sonhar.

No gueto, porém, vivíamos uma ilusão que nos lembrava constantemente o gosto da liberdade perdida. A vida no gueto era tão mais terrível de suportar quanto mais aparentava uma vida em liberdade. Podíamos sair para a rua e ter a impressão de que estávamos numa cidade normal. As braçadeiras já não nos incomodavam — eram usadas por todos e depois de algum tempo no gueto notei, surpreso, que me acostumara à minha: quando sonhava com amigos de antes da guerra, via-os com as braçadeiras, como se fizessem parte do vestuário — como uma gravata ou um lenço. No entanto, as ruas do gueto não levavam a parte alguma. Terminavam sempre no muro. Frequentemente deparava com ele bloqueando o meu caminho. Não havia qualquer explicação lógica para que eu não pudesse continuar a minha caminhada, caso assim o desejasse. A parte restante da rua, do outro lado do muro, adquiria para mim uma importância vital, de algo imprescindível, de inestimável valor, onde se deveriam passar coisas pelas quais eu daria tudo o que possuía. Voltava para casa todos os dias, aniquilado — com o mesmo desespero na alma.

No gueto havia restaurantes e cafés onde encontrávamos os nossos amigos. Poderia parecer que nada iria impedir que passássemos lá alguns momentos agradáveis, tal como ocorre em todos os cafés do mundo. Mas, inevitavelmente, chegava o momento em que algum dos amigos deixava escapar a ideia de que, no primeiro domingo ensolarado, todo o nosso grupo poderia fazer uma excursão para Otwock. É verão, os dias estão lindos, tudo indica que o calor vai continuar e nada deveria impedir a realização de um plano tão banal. Poderíamos até fazê-lo já. Bastava pagar a conta do café, sair para a rua e, junto com os risonhos e felizes camaradas, ir até a estação e comprar os bilhetes do trem suburbano. Vivíamos num mundo de fantasia, cercado pelos muros do gueto...

Este período de quase dois anos no gueto me traz à lembrança um acontecimento ocorrido na infância, o qual, diga-se a verdade, tinha sido bem mais curto. Eu ia ser operado de apendicite. Tratava-se de uma cirurgia bastante simples e não havia qualquer motivo para ficar preocupado. Seria realizada dentro de uma semana. A data já tinha sido fixada e o quarto no hospital, reservado. Meus pais, no intuito de suavizar a minha espera, faziam de tudo para me agradar. Saíamos todos os dias para tomar sorvete, depois íamos ao cinema ou ao teatro, enchiam-me de livros e de presentes — tudo o que eu desejasse. Aparentemente, nada deveria faltar-me para ser plenamente feliz. No entanto, lembro até hoje que, durante toda aquela semana — mesmo estando num cinema, num teatro, me deliciando com um sorvete ou entretido com outros afazeres fascinantes —, não me livrei um só instante da ansiedade, do medo no subconsciente do que aconteceria quando finalmente chegasse o dia da cirurgia.

Era um medo instintivo semelhante a este que reinava, durante dois anos, entre as pessoas que viviam no gueto. Em comparação com o que viria depois, aquele foi um período de relativa calma, durante o qual a nossa vida tornava-se um pesadelo cada vez maior, pois tínhamos medo do que poderia nos acontecer a qualquer momento, só que ninguém era capaz de prever qual era o perigo e de onde viria.

Todas as manhãs, logo após o café, eu saía de casa. Fazia parte do meu ritual diário um longo passeio até a rua Miła, onde, num cubículo escuro e deprimente, morava Jehuda Zyskind com toda a sua família.

O ato de sair para a rua — algo aparentemente banal — adquiria proporções de um grande acontecimento nas condições do gueto, principalmente durante a época das *łapanka*. Primeiro tinha-se que visitar alguns vizinhos, ouvir as suas queixas e reclamações e, aproveitando a ocasião, informar-se da situação reinante na cidade: se há *łapanka*, se há notícias de batidas policiais, se há barreiras na rua Chłodna. Somente depois disso é que se podia aventurar a sair do edifício, mas mesmo assim, até na rua, tinha-se que estar sempre atento: a toda hora parávamos os passantes vindos em nossa direção para colher informações mais detalhadas do que estava acontecendo. Somente assim teríamos algum tipo de garantia de que não seríamos apanhados.

O gueto fora dividido em duas partes: o grande e o pequeno. O pequeno gueto estava confinado pelas ruas Wielka, Sienna, Żelazna e Chłodna, e tinha, após a última redução, apenas uma ligação com o grande: na junção das ruas Żelazna e Chłodna. O grande gueto ocupava toda a parte setentrional de Varsóvia, com um mundo de fedorentas ruelas e de becos repletos de judeus paupérrimos, apinhados em meio à miséria e à sujeira. No pequeno gueto vivíamos também apertados, mas de uma forma ainda razoável. Em cada quarto viviam três, no máximo quatro pessoas. Nas ruas, andando com atenção, era possível passar sem esbarrar nos outros. E mesmo se isso viesse a acontecer, não resultava daí qualquer perigo; no pequeno gueto viviam basicamente os intelectuais e a alta burguesia, relativamente livres dos piolhos e dos insetos que pululavam no grande gueto. O verdadeiro pesadelo começava quando se deixava para trás a rua Chłodna. Mas, para atravessá-la, era necessário sondar o terreno e ter bastante sorte.

A rua Chłodna, em toda a sua extensão, pertencia à parte "ariana" da cidade e tinha um constante movimento de carros, bondes e pedestres. A passagem da população judia pela rua Żelazna, do pequeno gueto para o grande e vice-versa, gerava a paralisação do trânsito na rua Chłodna. Isso não agradava aos alemães, razão pela qual não a permitiam com frequência.

Ao andar pela rua Żelazna, já de longe se via uma multidão de pessoas na esquina da rua Chłodna. Os apressados com negócios a resolver agitavam-se nervosamente enquanto aguardavam a boa vontade do gendarme cujo gesto indicaria se a multidão na rua Żelazna já era suficientemente densa para abrir a passagem. Quando isso ocorria, os guardas do gueto se apartavam e a impaciente massa humana avançava de ambos os lados, empurrando e esbarrando uns nos outros, para distanciar-se o mais rapidamente possível da perigosa proximidade dos alemães e para perder-se nas ruelas de ambos os lados do gueto. A ala dos guardas fechava-se novamente e iniciava-se uma nova espera, cheia de medo e de preocupação.

Os guardas alemães entediavam-se no seu posto e tentavam, de todas as maneiras, arrumar alguma diversão. Uma das suas preferidas era a dança. Arregimentavam músicos — conjuntos de rua, cada vez mais numerosos em função da crescente miséria — e depois escolhiam as pessoas que lhes pareciam mais engraçadas dentre as que aguardavam a abertura da passagem, ordenando-lhes que dançassem uma valsa. Os músicos eram colocados ao longo da parede de um edifício, abria-se um espaço no meio da rua e um dos soldados adotava o papel de maestro, batendo nos membros da orquestra que tocassem num ritmo considerado lento. Os demais asseguravam que os dançarinos não parassem de dançar. Diante dos olhos da apavorada multidão, giravam pares de aleijados, anciães, obesos ou magricelas. Pessoas de baixa estatura ou então crianças dançavam com os que eram mais altos. Os alemães ficavam parados em volta, morrendo de rir e gritando: "Mais rápido! Mexam-se! Todos dançando!"

Quando um par era especialmente engraçado, a dança era prolongada. A passagem era aberta, fechada e novamente aberta, e os pobres azarados continuavam a valsar, bufando e chorando de cansaço, esgotando as suas últimas forças e esperando em vão por clemência.

Só após atravessar a rua Chłodna eu podia ver como o gueto era realmente. Ali, as pessoas não tinham posses nem tesouros escondidos. Viviam do comércio. Quanto mais se avançava entre as ruelas, mais ativa e barulhenta se tornava esta atividade. Mulheres com crianças agarradas às saias barravam a passagem dos transeuntes, forçando-os a comprar um pedaço de bolo exposto sobre uma cartolina, sua grande e única fortuna, cuja venda garantiria um pedaço de pão preto para as crianças à noite. Ao lado, uns judeus incrivelmente magros e velhos tentavam, com gritos roucos, chamar a atenção para uns trapos gastos que esperavam transformar em dinheiro. Os jovens negociavam ouro e dólares, lutando desesperadamente para vender tampas de relógios e fechos de correntes de ouro, ou então notas de dólares antigas e gastas, que levantavam contra a luz para se certificar de que não eram falsas, embora o vendedor jurasse que eram "quase novas".

Pelas ruas repletas deslocavam-se, com muito barulho, os bondes puxados por cavalos, chamados de *kohnhellerki*, rompendo a multidão com os varais e com os corpos dos cavalos, assim como um navio rompe as ondas do mar com a proa. O nome provinha dos sobrenomes dos seus dois proprietários — Kohn e Heller, dois magnatas judeus que serviam à Gestapo e que, graças a isto, puderam fazer fortuna. Devido ao alto preço das passagens, os bondes eram usados exclusivamente pelos mais ricos, que somente por motivos de negócios se aventuravam naquela parte do gueto. Quando saltavam do bonde na parada, iam imediatamente para a loja ou para o escritório em que tinham assuntos a resolver, para depois, mais do que rapidamente, pegar novamente o bonde que os transportaria para fora daquele bairro terrível.

Percorrer a distância entre a parada e a loja mais próxima não era tarefa fácil. Esses momentos, quando poderiam encontrar alguém de posses, eram aguardados por dúzias de mendigos, que, empurrando-se uns aos outros, agarravam o próspero cidadão pela roupa, bloqueavam a sua passagem, chorando, gritando e até fazendo ameaças. No entanto, não era recomendado ceder aos pedidos e dar esmola aos pedintes. Os gritos transformavam-se em uivos que atraíam novas ondas de mendigos, os quais cercavam o benfeitor acuado por esqueléticos vultos tuberculosos, por crianças cobertas de furúnculos, por centenas de mãos estendidas, por olhos desprovidos de luz e por bocas desdentadas e fétidas, que suplicavam por compaixão nos últimos momentos antes da morte, como se este fim pudesse ser adiado exclusivamente graças àquela ajuda momentânea.

O centro do gueto somente podia ser alcançado pela rua Karmelicka. Não esbarrar nos passantes era totalmente impossível. A densa massa humana não andava, era impulsionada para a frente, formando redemoinhos diante das barracas e baías de tranquilidade dentro dos portões dos prédios, dos quais emanava um odor de roupa não arejada, ranço de gordura e restos apodrecidos de comida. Por qualquer motivo, não importa qual, a multidão entrava em pânico e se movia para todos os lados, sufocando-se entre gritos e maldições. A rua Karmelicka era uma das mais perigosas. Todos os dias passavam por ela os camburões da Gestapo, transportando os prisioneiros de Pawiak[2] para a central da Gestapo na avenida Szuch e levando de volta o que deles tinha restado após os interrogatórios: farrapos humanos ensanguentados, com os

---

[2] A mais temida das prisões da Varsóvia ocupada pelos nazistas. (*N. do T.*)

ossos quebrados, os rins destruídos e as unhas arrancadas. A escolta não permitia que alguém se aproximasse dos camburões, embora fossem blindados. Quando eles entravam na rua Karmelicka, tão cheia de gente que, por mais que tentassem, as pessoas não conseguiam se afastar para dentro dos portões dos prédios, os agentes da Gestapo se debruçavam do carro e batiam na multidão a esmo com seus cassetetes. Isto não seria tão perigoso se fossem os normais cassetetes de borracha; no entanto, os usados pela Gestapo eram cobertos por pregos e lâminas.

Na rua Miła, perto da esquina com a rua Karmelicka, morava Jehuda Zyskind. Era zelador de profissão, mas, quando surgia uma oportunidade, se tornava carregador de malas, cocheiro e camelô; também fazia contrabando de mercadorias no lado oposto do muro do gueto. Ganhava onde podia para, com a sua esperteza e força, alimentar a família cujo tamanho nunca pude determinar, de tão grande. Além das suas ocupações normais, Zyskind era um homem cheio de ideais. Tomava parte ativa numa organização socialista, distribuía panfletos secretos e tentava desenvolver na sua área atividades conspiratórias, ainda que com grande dificuldade. Tratava-me com um certo menosprezo, exatamente como, na sua opinião, deveriam ser tratados os artistas — homens inadequados para se envolver em atividades secretas. Apesar disso, gostava de mim, permitia que o visitasse todos os dias e lia para mim as mais recentes notícias recebidas através de um aparelho de rádio oculto. Jehuda era um decidido otimista. Quando penso nele hoje, depois dos anos de horror que me separam daqueles dias em que ele ainda estava vivo e divulgava as boas novas entre as pessoas, sinto uma profunda admiração pela sua vontade inabalável. Por mais funestas que fossem as notícias provenientes do rádio, ele sempre conseguia interpretá-las positivamente. Quando, certa feita, ao ler as últimas notícias, apontei para o jornaleco com um gesto de desalento e disse: "Mas, pelo menos hoje, o senhor há de convir que tudo está perdido", Zyskind sorriu, acendeu um cigarro, instalou-se confortavelmente na poltrona e respondeu: "Senhor Szpilman, o senhor não tem a menor ideia do que está falando!", e iniciou uma das suas preleções políticas. Eu não entendia a maior parte do que ele dizia, mas a forma de se expressar, a sua inabalável fé de que o mundo estava em perfeita ordem, fazia com que eu — sem saber como e por quê — aderisse às suas ideias. Saía da casa de Jehuda Zyskind, na rua Miła, sempre em melhor estado de espírito. Somente ao voltar para casa, quando, deitado na cama, voltava a analisar as notícias políticas, dava-me conta de que as conclusões de Zyskind careciam de qualquer sentido. Assim mesmo, na manhã seguinte lá ia eu de novo à sua casa e permitia que ele me convencesse de que estava enganado, e saía de lá com uma nova injeção de otimismo que durava até o anoitecer, desse modo tornando possível a minha sobrevivência.

Zyskind foi preso no inverno de 1942. Pegaram-no em flagrante: sobre a mesa havia centenas de folhetos que estavam sendo empilhados por ele, sua esposa e seus filhos. Todos foram fuzilados no local, inclusive seu caçula Symcha, de apenas 3 anos.

Ficou muito difícil manter algum otimismo após o assassinato de Zyskind, sem ter mais ninguém que pudesse me explicar as coisas de forma adequada! Somente agora me dou conta de que ele estava certo e que nem eu, nem os noticiários radiofônicos tínhamos razão. Embora parecesse impossível na época, todos os acontecimentos futuros ocorreram como ele os tinha previsto.

Voltava para casa sempre pelo mesmo trajeto: Karmelicka, Leszna e Żelazna. No caminho fazia uma rápida visita a amigos, no intuito de lhes passar as notícias ouvidas na casa de Zyskind. Depois seguia para a rua Nowolipki a fim de ajudar Henryk na sua tarefa de carregar cestos com livros.

Henryk não levava uma vida fácil. Ele mesmo a escolheu e não tentava alterá-la, pois, na sua opinião, viver de outra forma seria indigno. Os amigos, que apreciavam os seus conhecimentos humanísticos, tinham-lhe sugerido que ingressasse na polícia judaica. Era lá que se encontrava, por motivos de segurança, a maior parte dos jovens provenientes da elite intelectual. Além disso, com alguma esperteza, podia-se ganhar bastante dinheiro. No entanto, Henryk desdenhava aqueles conselhos. Ficava até furioso e sentia-se ofendido. Com a sua habitual decência respondia que não tinha a mínima intenção de cooperar com bandidos. Os amigos sentiram-se ofendidos. Henryk, por sua vez, munido de um cesto repleto de livros, ia todas as manhãs para a rua Nowolipki, onde — suando no verão e congelando no inverno — os negociava, obstinadamente fiel à sua convicção; se a um intelectual como ele não era permitido ter outro contato com livros, que pelo menos fosse este, pois não iria se rebaixar mais do que isso.

Quando voltava com Henryk e o seu cesto de livros para casa, todos já estavam nos aguardando para o almoço. Minha mãe dava muita importância às refeições em família — aquele era o seu domínio e à sua maneira ela procurava nos dar algo em que nos apoiarmos. Zelava para que a mesa, coberta por uma toalha limpa e com guardanapos bem passados, fosse posta de uma forma atraente. Antes de sentar-se, passava pó de arroz no rosto, ajeitava os cabelos e mirava-se no espelho para se certificar de que estava elegante. Ajeitava o vestido com gestos nervosos. Entretanto, não conseguia esconder as rugas em volta dos olhos, cujas linhas se tornavam mais profundas a cada mês. Também não podia evitar que os seus cabelos fossem ficando cada vez mais grisalhos. Quando já estávamos sentados à mesa, ela trazia a sopa da cozinha e, servindo-a, começava a conversar conosco, evitando sempre assuntos desagradáveis. No entanto, quando um de nós cometia este deselegante ato, dizia, imediatamente: "Vocês ainda vão ver que tudo será diferente" e, mudando rapidamente de assunto, perguntava a meu pai: "Está gostando da sopa, Samuel?"

Meu pai não tinha a mínima intenção de ficar se lamuriando. Ao contrário, cobria-nos com notícias otimistas. Quando ocorria uma *łapanka*, e depois, graças a suborno, era liberada uma dezena de homens, afirmava, com uma expressão alegre, que fora informado por uma fonte fidedigna de que todos os homens, por terem mais ou menos de 40 anos, ou então por terem ou não terem instrução superior, ou então por este ou aquele motivo, tinham sido soltos, e que essa era uma razão para nos regozijarmos. Quando chegavam da cidade notícias definitivamente ruins, sentava-se deprimido à mesa, mas logo recuperava o alento com a chegada da sopa. Quando vinha o prato principal, que quase sempre consistia em legumes, recuperava o seu bom humor e passava a bater papo, despreocupado.

Regina e Henryk permaneciam calados a maior parte do tempo. Ela se preparava mentalmente para os seus afazeres no escritório de advocacia onde trabalhava à tarde. Ganhava uma miséria, mas se esforçava tanto como se ganhasse milhões. Quanto a Henryk, conseguia se desprender dos seus pensamentos somente para iniciar uma discussão comigo. Observava-me com indignação por um certo tempo e, finalmente, dava vazão ao seu menosprezo:

— É preciso ser um idiota para usar gravatas como as do Władek! — exclamava com raiva.

— Idiota é você, e ainda por cima um estúpido! — eu respondia e iniciava-se assim uma acalorada discussão. Ele não conseguia entender por que eu queria estar tão elegante quando me apresentava em público. Não tinha a menor noção do que eu fazia. Agora, que ele está morto há muito tempo, sei que nos amávamos de uma forma muito especial, mesmo brigando tanto. Basicamente, éramos bem parecidos.

Quanto a Halina, tenho menos ainda a dizer. Ela não parecia fazer parte da família. Era muito reservada e nunca revelava o que pensava ou sentia nem comentava o que fazia quando estava fora. Sentava-se à mesa sem demonstrar qualquer interesse pelos nossos problemas. Não sei como ela era realmente, e agora nunca mais saberei.

Os nossos almoços eram frugais. Quase nunca tínhamos carne e todas as refeições eram preparadas por minha mãe com muita moderação. Assim mesmo eram verdadeiros banquetes em comparação com o que comiam as demais pessoas no gueto.

Num dia úmido de inverno, quando as ruas estavam cobertas por uma mistura de neve e lama, e soprava um forte vento gélido, pude testemunhar o "almoço" de um dos velhos *łapacz*. Assim eram denominadas no gueto as pessoas que tinham atingido tal grau de pobreza que precisavam roubar para sobreviver. Atiravam-se sobre os passantes que carregavam embrulhos, arrancavam-nos das suas mãos e fugiam, na esperança de encontrar neles algo para comer.

Estava atravessando a praça Bankowa e atrás de mim vinha uma mulher empunhando uma panela embrulhada em jornal. Entre nós arrastava-se um velho *łapacz*, com os ombros arqueados e tremendo, com sapatos furados e pés roxos de frio. Repentinamente, o *łapacz* jogou-se para a frente, agarrou a panela e conseguiu arrancá-la das mãos da mulher. Talvez por não ter mais energia, ou então porque a mulher segurava o seu tesouro com muita força, ele não conseguiu segurar a panela, que caiu sobre a calçada derramando uma sopa fumegante sobre a rua imunda.

Todos três paramos como estátuas. A mulher ficou muda de espanto, o *łapacz* olhou primeiro para a panela, depois para a mulher, e do seu peito escapou um soluço que mais parecia um gemido. Então ele se atirou no chão e começou a lamber a sopa diretamente da calçada, protegendo-a com as mãos, insensível à reação da mulher que, gritando e arrancando os cabelos em desespero, chutava a sua cabeça.

6 ~ A hora das crianças e dos loucos

A minha carreira de pianista em tempo de guerra teve início no café Nowoczesna, na rua Nowolipki, bem no centro do gueto. Já no final de 1940, quando os portões foram fechados, tínhamos vendido tudo o que era possível, inclusive o nosso bem mais precioso — o piano. Fui obrigado a vencer a apatia e procurar uma forma de ganhar o meu sustento. Nisso eu tive sorte. O trabalho servia para distrair os meus pensamentos, e a consciência de que dos meus rendimentos dependia a sobrevivência de toda a família fez com que eu saísse do meu estado de prostração.

O meu trabalho iniciava-se logo após o almoço. Para chegar ao café, tinha que ir pelas tortuosas ruelas do centro; no entanto, quando queria observar o fascinante trabalho dos contrabandistas, ia beirando as fronteiras do gueto, ao longo do muro.

A parte da tarde era a mais adequada para os contrabandistas. Os soldados, cansados pelos seus afazeres matinais e satisfeitos com os bons negócios que tinham realizado, estavam menos vigilantes e tinham a sua atenção concentrada no cálculo dos seus ganhos. Nos portões e nas janelas dos edifícios ao longo do muro do gueto, apareciam e desapareciam vultos agitados que aguardavam impacientemente o barulho das rodas duma carroça. Quando o ouviam e a carroça repleta de mercadorias estava bem perto, soava uma série de assovios previamente combinados e dezenas de sacos ou pacotes voavam por cima do muro e, de imediato, eram agarrados por aqueles que estavam à sua espera. Em seguida, voltava a reinar uma aparente calma, cheia de tensão e de misteriosos sussurros. Nos dias em que os soldados estavam mais atentos, ouvia-se o espocar de tiros e do outro lado do muro, em vez de sacos, eram atiradas granadas que, ao explodir com grande estouro, causavam sérios danos.

O muro fora construído afastado da rua. Na sua base, rente ao chão, havia uma série de aberturas compridas que serviam para escoar a água proveniente da parte "ariana" da rua para as sarjetas que se estendiam ao longo do meio-fio das calçadas do gueto. Estas aberturas eram aproveitadas pelas crianças para contrabandear pequenos objetos. De todas as partes surgiam pequenas criaturas com as pernas tão finas que mais pareciam palitos de fósforo. Seus olhos apavorados sondavam o terreno em volta e suas mãozinhas puxavam, por estas aberturas, sacos muitas vezes maiores do que eles mesmos.

Quando toda a mercadoria já se encontrava do lado do gueto, os pequenos contrabandistas colocavam-na sobre as costas e — arqueados sob o seu peso, cambaleantes, com azuladas veias inchadas pelo esforço, as bocas escancaradas e aspirando o ar com dificuldade — dispersavam-se em todas as direções, como um afugentado bando de ratazanas.

Seu trabalho era tão arriscado e perigoso quanto o dos contrabandistas adultos. Certo dia, caminhando ao longo do muro, pude testemunhar uma das ações deste contrabando infantil, a qual parecia estar chegando a um final feliz. Faltava apenas que um pequeno judeu, arrastando-se do outro lado do muro e empurrando a sua mercadoria, passasse pela abertura. Já se podia ver a metade do seu corpo franzino, quando começou a gritar desesperadamente. Ao mesmo tempo, ouviu-se um rouco grito em alemão. Corri para o menino querendo ajudá-lo, mas, por cúmulo do azar, ele estava entalado. Puxei-o com toda a força, enquanto o seu pranto ficava cada vez mais desesperador. Ouvia, cada vez mais perto, o eco dos passos do gendarme no outro lado do muro. Quando, finalmente, consegui libertar o menino, ele já estava morto. Tinha fraturado a espinha dorsal.

Na verdade, o gueto não dependia de contrabando para se alimentar. Os sacos e pacotes atirados sobre o muro continham, na sua maioria, doações de poloneses aos judeus mais pobres. O verdadeiro negócio do contrabando era controlado por poderosos do tipo Kohn ou Heller. Era realizado calmamente, sem complicações e de forma absolutamente segura. Numa hora predeterminada, os guardas, devidamente subornados, simplesmente olhavam para o outro lado, enquanto, diante da sua aparente vigilância, bem debaixo dos seus narizes, passavam pelos portões do gueto filas de veículos carregados de alimentos, de bebidas, de tabaco vindo diretamente da Grécia e até de roupas e cosméticos franceses.

Todos os dias, eu tinha a oportunidade de admirar estes produtos expostos no café Nowoczesna. Era para lá que iam os ricaços cobertos de ouro e diamantes e onde "damas" supermaquiadas, ao som do espocar das rolhas de champanhe, ofereciam os seus serviços aos especuladores. E foi também lá que eu perdi duas ilusões: a primeira — quanto à eterna solidariedade humana, e a segunda — quanto à musicalidade dos judeus.

Os mendigos estavam proibidos de ficar na porta do Nowoczesna. Quando um deles se aventurava, logo era expulso por porteiros armados de porretes. Os seus frequentadores chegavam de riquixá, agasalhados em casacos de lã no inverno e com sofisticados chapéus e vestidos de seda francesa no verão. Para chegar até o espaço liberado pelos truculentos porteiros, tinham que, com uma expressão de repugnância no rosto, abrir caminho a bengaladas através de uma multidão de mendigos. Jamais davam qualquer esmola. Para eles, isso seria uma desmoralização. O certo era trabalhar e ganhar dinheiro, assim como eles faziam. Afinal de contas, havia oportunidades para todos e, se aquelas criaturas não souberam organizar suas vidas, a culpa era exclusivamente delas.

Uma vez sentados às mesinhas do amplo salão, que frequentavam quase sempre para fazer negócios, começavam a queixar-se dos difíceis momentos pelos quais estavam passando e a reclamar da falta de solidariedade dos judeus americanos. Onde já se viu? Aqui acontecem coisas terríveis, as pessoas estão morrendo, sem um mísero pedaço de pão, enquanto lá, do outro lado do oceano, a imprensa americana permanece em silêncio e os banqueiros judeus não tomam qualquer medida para que os americanos declarem guerra à

Alemanha, algo que, com a sua força, poderiam fazer a qualquer momento, se o quisessem.

Ninguém prestava a mínima atenção à minha música. Quanto mais alto eu tocava, mais elevavam a voz e, diariamente, havia uma competição entre mim e o público, para saber quem conseguiria ensurdecer quem. Certa feita, um dos fregueses me pediu, por intermédio do garçom, que eu parasse de tocar por um instante, pois não conseguia ouvir direito a pureza do som de umas moedas de ouro de 20 dólares que comprara de alguém da mesa ao lado. Queria batê-las no tampo de mármore da mesinha, levá-las ao ouvido e ficar atento ao som que elas emitiriam — o som da única música que parecia lhe interessar. Não aguentei muito tempo tocando naquele lugar. A sorte me ajudou e arrumei emprego num local bem diferente, na rua Sienna, frequentado pela intelectualidade judaica que vinha me ouvir. Foi ali que consegui fortalecer a minha posição de artista reconhecido e vim a conhecer pessoas com as quais, no decorrer do tempo, pude passar muitos momentos agradáveis, mas também momentos terríveis. Um dos *habitués* daquele café era o pintor Roman Kramsztyk — artista de excepcional talento, amigo de Artur Rubinstein e de Karol Szymanowski. Naqueles dias, ele estava trabalhando numa série de gravuras representando a situação dentro dos muros do gueto, sem saber que seria assassinado em breve e que uma grande parte da sua obra iria se perder para sempre.

O café da rua Sienna era também frequentado pela pessoa mais generosa que conheci em toda a minha vida — Janusz

Korczak. Era escritor, tinha sido amigo de Żeromski,[3] conhecia quase todos os principais artistas do movimento chamado de a Jovem Polônia e falava deles de uma forma simples e, ao mesmo tempo, bem interessante. Não era considerado um grande escritor, pois a sua literatura tinha um caráter muito especial: escrevia, exclusivamente, sobre e para crianças. Os livros de Korczak se baseavam num profundo conhecimento da psique infantil e não eram escritos para satisfazer quaisquer ambições artísticas, mas diretamente do coração de um ativista e educador nato. O grande mérito de Korczak não era como escrevia, mas sim como vivia. Todo o tempo disponível e cada złoty que tinha eram dedicados, desde o início da sua vida profissional, às crianças. Manteve este princípio inabalável até a sua morte. Organizava orfanatos, fazia coletas para crianças famintas e falava às crianças pelo rádio, graças ao que se tornou muito popular — e não somente entre as crianças — com o nome de Velho Doutor. Por ocasião do fechamento dos portões do gueto, fez questão de nele entrar, mesmo podendo tê-lo evitado. No interior do gueto, continuou a sua missão de pai adotivo para uma dezena de órfãos judeus — as mais pobres e as mais solitárias crianças de todo o mundo. Naqueles dias, quando batíamos papo no café da rua Sienna, nem suspeitávamos de quão glorioso e pleno de sacrifício seria o seu fim.

Após quatro meses, passei a tocar no café Sztuka, na rua Leszna. Era o maior café do gueto e tinha ambições artísticas.

---

[3] Stefan Żeromski (1864-1925) – o mais importante escritor de ficção da Polônia do início do século XX. (*N. do T.*)

Entre as diversas atrações, estava a cantora Maria Eisenstadt, que teria sido famosa e conhecida por milhões de pessoas se os alemães não a tivessem assassinado. No Sztuka, eu tocava duos de piano com Andrzej Goldfeder e foi lá que obtive um inesperado sucesso com a minha paráfrase da valsa *Casanova,* de Ludomir Różycki, com letra de Władysław Szlengel. Além de Szlengel, um poeta que se apresentava diariamente junto com Leonid Fokczański, havia apresentações do cantor Andrzej Włast, do conhecido satirista "Mecenas Wacus" e de Pola Braun, com o seu *Diário Animado* — uma divertida crônica do gueto, repleta de maliciosos e inteligentes alusões aos alemães. Junto da sala de concertos havia um bar, onde as pessoas com menos sede de arte e mais interessadas em bebidas e comidas podiam encontrar os mais diversos drinques, bem como as deliciosamente preparadas *côtelettes de volaille,* ou então *boeuf Stroganoff.* Tanto a sala de concertos quanto o bar viviam quase sempre lotados. Naqueles dias, eu ganhava bastante bem e podia, embora com alguma dificuldade, satisfazer as necessidades de toda minha família.

Gostava de bater papo com vários conhecidos nos intervalos entre as apresentações, e até poderia achar tudo isto agradável, não fosse a sempre angustiante perspectiva da volta para casa. Isso lançava uma sombra sobre mim todos os fins de tarde.

O inverno de 1941-1942 foi especialmente difícil para o gueto. As pequenas ilhas do aparente bem-estar da intelectualidade judaica e da opulência dos especuladores eram minadas por um mar de judeus miseráveis, já completamente exauridos pela fome, cheios de piolhos e expostos ao frio terrível. O gueto estava infestado por insetos e não havia como evitá-los. Viam-se piolhos por toda parte: nos bondes, nas lojas, nas roupas dos transeuntes e até caindo dos tetos das repartições públicas que precisávamos visitar constantemente. Podíamos encontrá-los nas dobras do jornal ou das notas de dinheiro, e até na casca do pão recém-adquirido, e cada um desses insetos era um transmissor de tifo.

Diante disso, o surgimento de uma epidemia de tifo no gueto não chegou a ser surpresa. O número de mortos chegava a cinco mil por mês. A doença passou a ser assunto da conversa de todos — pobres ou ricos. Os pobres, imaginando quando iriam morrer, e os ricos, como iriam se proteger e onde encontrar a vacina do doutor Weigl. Este notável bacteriologista se tornara a pessoa mais comentada no gueto depois de Hitler; dois símbolos diametralmente opostos — o bem e o mal —, lado a lado. Comentava-se que o doutor fora preso em Lviv, mas — graças a Deus — não o assassinaram. Pelo contrário, consideraram-no "quase alemão" *honoris causa* e lhe foi oferecido um magnífico laboratório, uma mansão e um, não menos magnífico, automóvel. Em troca, ele deveria, sob a também "magnífica" vigilância da Gestapo, produzir a maior quantidade possível da sua vacina para ser usada pelo piolhento Exército alemão na frente oriental. Parece que o doutor Weigl não aceitou nem a mansão, nem o automóvel.

Não sei ao certo como ele se comportou. Sei apenas que sobreviveu à guerra e que os alemães, uma vez tendo acesso à fórmula da sua vacina e não necessitando mais dos seus serviços, milagrosamente não lhe ofereceram uma das suas "magníficas" câmaras de gás. De qualquer forma, muitos judeus de

Varsóvia foram salvos graças à sua descoberta e à corrupção alemã, para morrerem mais tarde, de outra maneira.

Não quis tomar a vacina. Dispunha de recursos para apenas uma dose para mim, deixando o restante da família não vacinada, e isso eu não queria.

Não havia a mínima possibilidade de enterrar os mortos no mesmo ritmo em que iam morrendo. Por outro lado, não se podia deixá-los dentro de casa. Algo tinha que ser feito e, finalmente, chegou-se a uma solução provisória: os corpos, despidos das roupas agora tão valiosas, eram embrulhados em papel e deixados nas calçadas onde, frequentemente, ficavam por dias e dias, até que as carroças da prefeitura os pudessem recolher e levar para a vala comum no cemitério. Eram estes corpos dos mortos de tifo ou de fome que faziam com que o meu retorno do café para casa fosse tão terrível.

Era um dos últimos a sair do café, junto com o dono, já tendo calculado a receita da noite e recebido a minha parte. As ruas estavam escuras e quase desertas. Eu iluminava o caminho com uma lanterna, prestando atenção para não tropeçar nos cadáveres. O vento gélido de janeiro soprava no meu rosto, arrancando os papéis que cobriam os mortos e deixando à mostra corpos esqueléticos, rostos contorcidos e olhos fixos no vazio infinito.

Naquele tempo eu ainda não tinha me acostumado a ver restos mortais. Cheio de medo e repugnância, esgueirava-me pela rua para chegar o mais rapidamente possível em casa, onde minha mãe me aguardava com uma pinça e um recipiente com álcool. Naqueles perigosos dias de epidemia, ela zelava, da melhor forma possível, pela saúde da família.

Ninguém podia sair de casa antes de ela ter cuidadosamente examinado os casacos, chapéus e ternos, retirando deles os piolhos e afogando-os em álcool.

Com a chegada da primavera, em vez de voltar para casa logo após o trabalho, ia frequentemente para o apartamento do meu amigo Roman Kramsztyk, na rua Elektoralna, onde ficava conversando até altas horas da noite.

Kramsztyk era um felizardo. Tinha um minúsculo reino só para si: um quartinho com teto enviesado, no último andar de um edifício. Lá, ele juntou todos os tesouros que conseguiu salvar da rapina dos alemães: um grande sofá coberto por uma alcatifa, duas valiosas poltronas velhas, uma belíssima cômoda renascentista, um tapete persa, várias armas antigas, alguns quadros e muitos pequenos objetos recolhidos em diversos lugares da Europa. Cada um deles era uma obra de arte e uma festa para os olhos. Era muito gostoso ficar sentado naquele quarto, bebericando café e conversando alegremente à luz suave da lâmpada, cujo abajur fora feito pelo próprio Kramsztyk. Antes de escurecer, saíamos por instantes para o balcão para respirar o ar puro, que ali, no alto, era mais limpo que nas ruas apertadas e fedorentas. Aproximava-se o toque de recolher; as pessoas trancavam-se nas suas casas, o sol poente iluminava com luz rósea os telhados, bandos de pombas brancas descreviam círculos no céu e, por sobre o muro, do não muito distante parque Saski, chegava até nós, na região dos amaldiçoados, o cheiro de lilás em flor.

Era a hora das crianças e dos loucos. Roman e eu procurávamos ver a nossa louca, a quem tínhamos dado o nome de "a dama de penacho", caminhando ao longo da rua Elektoralna.

Tinha um aspecto insólito. Seu rosto era coberto por uma espessa camada de pó de arroz e as sobrancelhas pareciam uma faixa negra que atravessava toda a sua fronte. O roto vestido negro estava coberto por uma velha cortina de veludo verde com franjas da mesma cor e do seu chapéu de palha elevava-se, bem alto, uma enorme pena de pavão violeta, que balançava delicadamente no ritmo dos seus passos apressados e inseguros. A todo instante parava as pessoas que passavam para perguntar, polidamente e com um sorriso nos lábios, sobre o paradeiro do seu marido, assassinado pelos alemães diante dos seus olhos.

— Desculpe-me, por favor... O senhor, por acaso, não viu o Izaak Szerman? Um senhor elegante, alto, com barba grisalha... — e olhava atentamente para o rosto do interlocutor, exclamando, decepcionada, ao ouvir a negativa:

— Não? — O seu rosto adquiria uma expressão de dor, para, logo em seguida, acalmar-se num sorriso polido e artificial. — Queira me perdoar, prezado senhor — e, balançando a cabeça, se afastava rapidamente, envergonhada por ter incomodado alguém e também espantada por esse alguém não conhecer o seu Izaak, uma pessoa tão distinta e tão simpática.

Também nesse horário, costumava esgueirar-se pela rua Elektoralna o Rubinsztajn, coberto de farrapos esvoaçantes e imundos. Agitava a bengala, andava saltitante, piscava para todos os lados e cantarolava baixinho. Era extraordinariamente popular em todo o gueto. Reconhecido de longe pelo seu grito de guerra — "Mantenham-se firmes, rapazes!" —, tinha apenas um objetivo na vida: transmitir coragem às pessoas por meio do bom humor. Suas brincadeiras e piadas circulavam pelo gueto e traziam alegria a todos. Uma das suas especialidades era a de aproximar-se dos guardas alemães e, agitado e fazendo caretas, chamá-los de "patetas, estúpidos e ladrões". Os alemães achavam isso tudo muito divertido e, na maior parte das vezes, pagavam por essas ofensas, atirando-lhe cigarros ou moedas; afinal de contas, um louco não devia ser levado a sério.

Pessoalmente, eu não estava tão convencido quanto os alemães da loucura do Rubinsztajn, e até hoje não sei se ele fazia parte daqueles que realmente perderam o juízo em virtude do que tinham sofrido, ou se apenas se fingia de louco para, interpretando o bufão, evitar, infelizmente sem sucesso, que a sua vida fosse ceifada.

Os loucos não tomavam conhecimento do toque de recolher. Para eles, não tinha qualquer significado. Nem para eles, nem para as crianças que emergiam dos seus esconderijos nas últimas horas do dia, na esperança de conseguir, àquela hora, despertar alguma piedade nos corações humanos. Colocavam-se ao longo das paredes, junto aos postes de iluminação e nas calçadas, choramingando monotonamente que sentiam fome. Os mais musicais cantavam, com voz fina e fraca, a canção sobre um jovem soldado que, ferido e abandonado por todos no campo de batalha, morria exclamando: "Mamãe!" Mas a mãe não está a seu lado. Ela está longe e não sabe que o filho está morrendo, e o seu sono final é embalado apenas pelo suave movimento das árvores e da grama: "Dorme, filhinho, dorme, meu amado!", e uma folha, caída da árvore sobre o seu peito, é a sua única medalha de Honra ao Mérito.

Outras crianças tentavam sensibilizar o coração das pessoas dizendo: "Estamos, realmente, com muita, muita fome. Não comemos há muito tempo. Deem-nos um pedaço de pão, ou, pelo menos, uma batata ou uma cebola, para que possamos sobreviver até amanhã."

Mas quase ninguém tinha uma mísera cebola, e, mesmo se alguém tivesse, seu coração não mandaria cedê-la. A guerra havia transformado os corações em pedras.

7 ~ O gesto da senhora K.

No início da primavera de 1942, sem qualquer motivo aparente, as *łapanka* sistemáticas foram interrompidas. Se isso tivesse acontecido dois anos antes, as pessoas sentiriam um certo alívio e nutririam alguma esperança de que as coisas iriam melhorar. Agora, após quase dois anos e meio de convivência com os alemães, ninguém se deixava mais iludir. Se eles pararam de nos caçar nas ruas, é que encontraram uma maneira mais eficiente de nos torturar. Havia apenas uma dúvida no ar: qual? As pessoas levantavam as mais fantasiosas conjecturas e, em vez de tranquilizar-se, ficavam ainda mais preocupadas.

De qualquer forma, podíamos dormir mais tranquilos e não precisávamos, ao sinal de qualquer perigo, passar a noite num hospital, onde Henryk costumava dormir sobre a mesa de cirurgia e eu na cadeira ginecológica. Ao acordar, o meu olhar pousava sobre as radiografias penduradas na minha frente: imagens radiográficas de corações enfartados, pulmões tomados por tuberculose, vesículas cheias de pedras e ossos quebrados. O diretor da clínica, nosso amigo, afirmava, com toda razão, que os agentes da Gestapo jamais teriam a ideia de procurar alguém num hospital e que somente lá poderíamos dormir em segurança.

A relativa calma reinou até abril, até a primeira sexta-feira da segunda quinzena do mês, quando, inesperadamente, um furacão de pavor assolou o gueto. Aparentemente, não havia qualquer motivo concreto para isso, pois, ao indagar às pessoas o que elas temiam e o que, na sua opinião, estava por acontecer, ninguém conseguia dar uma resposta concreta. Apesar disso, ao entardecer daquele dia, todas as lojas fecharam e as pessoas se trancaram nas casas.

Eu não sabia qual seria a situação dos cafés. Como sempre, fui para o Sztuka, mas o Sztuka também estava trancado a sete chaves. Ao voltar para casa fui ficando cada vez mais nervoso, pois apesar de todas as tentativas de obter alguma informação junto aos meus amigos, normalmente bem-informados, não consegui descobrir do que se tratava. Ninguém sabia de coisa alguma.

Ficamos vestidos até as 23 horas aguardando a evolução dos acontecimentos, mas, diante da calma reinante nas ruas, fomos dormir. Estávamos convencidos de que todo o pânico fora causado por boatos sem qualquer fundamento. Na manhã seguinte, meu pai foi o primeiro a sair para a rua e retornou de imediato, pálido e assustado: durante a noite, os alemães tinham arrombado as portas de diversas casas, arrancando setenta homens e fuzilando-os na rua. Os corpos ainda esperavam ser recolhidos.

Qual era o significado disso? O que tinham feito esses homens? Estávamos tristes e indignados.

A resposta chegou somente à tarde. As ruas, desertas, estavam cobertas de avisos. As autoridades alemãs informavam que tinham sido obrigadas a efetuar no nosso bairro uma "limpeza" de "elementos indesejáveis", mas que essa ação não atingia os habitantes leais, as lojas e os cafés deviam ser reabertos imediatamente e as pessoas podiam retornar ao ritmo natural das suas vidas, já que não corriam qualquer perigo.

Realmente, o mês seguinte transcorreu em calma. Era maio, o mês das flores. Nos raros jardins do gueto surgiam os primeiros lírios, e as acácias cobriam-se de flores que iam ficando cada vez mais brancas. Quando já estavam a desabrochar por completo, os alemães voltaram a lembrar-se de nós. No entanto, desta vez havia uma pequena diferença: a obrigação de conduzir as *łapanka* foi transferida para a polícia judaica e para o Departamento do Trabalho judeu.

Henryk teve razão ao se recusar a ingressar na polícia, considerando-a uma corja de bandidos, composta, na sua maioria, por jovens oriundos das classes mais abastadas. Havia, entre eles, um grande número de conhecidos e ficávamos cada vez mais indignados ao notar com evidente clareza como certas pessoas, até há pouco tempo decentes, de quem apertávamos a mão e a quem tratávamos como amigos, transformaram-se em canalhas. Tinham se contaminado pela mentalidade da Gestapo. Ao vestir o uniforme e o casquete de policial, e receber um cassetete, transformavam-se em animais. Seu objetivo principal era o de estreitar os laços com o pessoal da Gestapo, servir a eles, desfilar com eles pelas ruas, demonstrar conhecimentos do alemão, bem como se destacar perante seus chefes, tratando com grande brutalidade a população judaica. Tudo isso não os impediu de formar uma orquestra de jazz, aliás, de primeiríssima qualidade.

Por ocasião da grande *łapanka* em maio, cercaram as ruas com uma eficiência digna de puros homens da SS, corriam pelas ruas em seus garbosos uniformes, gritavam brutalmente como se fossem alemães e, seguindo o exemplo destes, agrediam a população com seus cassetetes.

Ainda estava em casa quando minha mãe trouxe a notícia de que Henryk fora pego na *łapanka*. Decidi libertá-lo a qualquer custo. Para tanto, esperava contar com a minha popularidade como pianista, já que nem os meus documentos estavam em ordem. Atravessando as cerradas alas de policiais, ora detido, ora liberado, consegui chegar ao pátio do edifício do Departamento do Trabalho para onde estavam sendo trazidos, como ovelhas tangidas por cães pastores, os homens agarrados pela polícia. Consegui, com grande dificuldade, chegar até o diretor substituto do Departamento e obter sua promessa de que Henryk estaria de volta em casa antes do anoitecer.

E foi o que aconteceu, só que — e isso foi totalmente inesperado para mim — Henryk estava furioso comigo! Na sua opinião, eu não devia ter me rebaixado para pedir clemência a um bando de patifes como eram os policiais e os funcionários do Departamento do Trabalho.

— Teria sido melhor se o tivessem deportado?!

— Você não devia ter se metido nisso — respondeu, resmungando. — Era a mim que eles iam deportar. Não sei por que você mete o nariz onde não é chamado...

Dei de ombros. Como discutir com um louco?

Ao anoitecer fomos informados de que o toque de recolher tinha sido adiado para meia-noite, a fim de que as famílias dos "enviados para trabalho" tivessem tempo suficiente de lhes trazer cobertores, roupas e comida para a viagem. Tal "generosidade" dos alemães era com certeza comovente. Os policiais judaicos, por sua vez, a citavam com o intuito de adquirir nossa confiança.

Somente muito tempo depois vim a saber que os mil homens aprisionados naquela ocasião foram enviados, diretamente do gueto, para o campo de concentração em Treblinka, onde serviram de cobaias para os recém-construídos fornos crematórios e câmaras de gás.

E, novamente, passou-se um mês de calma total, até a inolvidável carnificina de junho. Não tínhamos qualquer motivo para suspeitar do que viria a acontecer. Fazia muito calor, e tínhamos aberto as janelas para respirar um pouco o ar fresco do entardecer. Um carro da Gestapo parou diante do prédio, no outro lado da rua, e ouvimos tiros de advertência. Tudo se passou tão rapidamente que, antes que tivéssemos tempo de nos levantar da mesa e chegar correndo à janela, a porta do prédio fora escancarada e ouvimos gritos dos homens da SS já no seu interior. Embora as janelas do prédio estivessem escurecidas, pudemos ver no meio da penumbra vários rostos apavorados, que surgiam repentinamente e desapareciam com a mesma rapidez, e perceber a agitação reinante no interior dos apartamentos. As janelas foram se iluminando, andar por andar, à medida que os soldados alemães iam subindo as escadas. Naquele prédio morava uma família de comerciantes que conhecíamos de vista. Quando também lá as luzes foram acesas e o apartamento foi invadido pelas tropas da SS com capacetes de aço cobrindo a cabeça e metralhadoras nas mãos, seus moradores estavam sentados à mesa, tal como nós alguns minutos antes, mas paralisados de medo. O oficial que comandava a unidade considerou essa postura como uma afronta pessoal. Chegou a perder a fala de tanta indignação. Parou, mudo, olhando para as pessoas sentadas em volta da mesa e após alguns instantes gritou furiosamente:

— De pé!

Todos se levantaram, tão rapidamente quanto podiam, exceto o velho pai, um senhor idoso com as pernas paralisadas. O suboficial estava prestes a explodir de raiva. Aproximou-se da mesa, dirigiu um olhar duro para o paralítico e gritou novamente:

— De pé!

O velhinho apoiou-se nos braços da cadeira e fez um esforço sobre-humano para levantar-se. Antes que nos déssemos conta do que ia acontecer, os alemães se atiraram sobre ele, levantaram-no junto com a cadeira, levaram até o balcão e atiraram-no do terceiro andar na rua.

Minha mãe soltou um grito, cobrindo os olhos com as mãos. Meu pai afastou-se rapidamente da janela, para o fundo do quarto. Halina correu até ele, e Regina abraçou minha mãe, ordenando, em alto e bom som:

— Calma!

Henryk e eu não conseguimos afastar-nos da janela. Vimos o velhinho, ainda na cadeira, suspenso no ar por um segundo, depois, já dela separado, e ouvimos primeiro o estalar da cadeira batendo no chão e então o do corpo estatelando-se na calçada. Ficamos imóveis, incapazes de nos afastar, ou mesmo de desviar o olhar do que estava se passando. Os militares da SS estavam escoltando dezenas de homens para fora do prédio. Ligaram os faróis do carro, obrigaram suas vítimas a alcançar a área iluminada, ligaram o motor e os mandaram correr em frente. Das janelas do prédio ouviam-se gritos de desespero e, de dentro do carro, o terrível som de rajadas de metralhadora. Os que corriam na frente do carro iam caindo, um a um, elevando-se do chão com o impacto das balas, virando cambalhotas ou girando sobre seu próprio eixo, como se a passagem da fronteira entre a vida e a morte fosse ligada à execução de uma pirueta extremamente difícil e intricada. Apenas um conseguiu escapar do facho da luz. Correu com todas as forças de que dispunha e dava a impressão de que conseguiria alcançar a primeira rua transversal. No entanto, o carro da Gestapo dispunha de um refletor móvel instalado no teto exatamente para este tipo de situação. Ligaram-no, procuraram o fugitivo, ouviram-se disparos, e o homem se elevou do chão, pôs as mãos sobre a cabeça, inclinou-se para trás e caiu, de costas, sobre a calçada.

Os homens da SS entraram no carro e partiram, passando por cima dos corpos. O carro sacudiu-se fortemente, como se estivesse numa rua esburacada.

Naquela noite cem homens foram fuzilados. No entanto, já ninguém se impressionava com isso. As lojas e os cafés passaram a funcionar normalmente no dia seguinte.

O interesse das pessoas fora despertado por algo novo: os alemães passaram a filmar o gueto. Qual seria a intenção deles? Entravam nos restaurantes, ordenavam aos garçons que colocassem comidas sofisticadas e bebidas caras sobre as mesas, forçavam as pessoas a comer, beber e sorrir, filmando essas imagens. Também filmavam as operetas encenadas no cinema Femina, bem como os concertos sinfônicos ali apresentados sob a regência do maestro Marian Neuteich. Fizeram com que o chefe do Conselho Judaico organizasse uma grande recepção, para a qual foram convidadas as pessoas mais representativas da comunidade — e também a filmaram. Num certo dia, arregimentaram um grupo de homens e mulheres no balneário público, mandaram que se despissem e se lavassem, filmando essa cena bizarra. Somente muito mais tarde vim a saber qual era o destino desses filmes: o de serem exibidos no estrangeiro e para a população alemã no Reich, no intuito de desmentir quaisquer boatos que pudessem vazar do gueto antes da sua liquidação. Eles serviriam de testemunho de que os judeus de Varsóvia viviam bem, eram desprovidos de qualquer senso de moral e não mereciam respeito, já que homens e mulheres banhavam-se juntos, despindo-se, desavergonhadamente, em público.

Mais ou menos ao mesmo tempo, com frequência cada vez maior, começaram a circular no gueto outras notícias preocupantes. Na maior parte das vezes não se conhecia sua fonte e não havia meios de confirmar a sua autenticidade, mas, mesmo assim, eram consideradas fidedignas. Num certo dia, surgiu o comentário de como eram terríveis as condições no gueto de Łódź, onde os judeus haviam sido obrigados a pôr em circulação uma moeda própria, sem qualquer valor fora dos muros do gueto, e que, por causa disso, milhares de judeus estavam morrendo de fome. Alguns se sensibilizavam com essas notícias; outros não lhes davam a mínima importância. Após um certo tempo, deixou-se de falar de Łódź e passou-se a comentar o que teria acontecido em Lublin e Tarnów, onde, aparentemente, os judeus haviam sido exterminados com gás, algo em que ninguém queria acreditar. O boato mais digno de crédito era o da intenção dos alemães de limitar os guetos na Polônia a apenas quatro: Varsóvia, Lublin, Cracóvia e Radom. Em seguida, surgiu um boato exatamente oposto: que o gueto de Varsóvia seria transferido para o leste em trens diários com seis mil pessoas em cada composição. Na opinião de muita gente, esta transferência já teria ocorrido há muito tempo, não fosse a misteriosa reunião no Conselho, na qual a Gestapo foi convencida — certamente através de suborno — a desistir do seu intento.

No dia 18 de julho, um sábado, Goldfeder e eu íamos participar no café Pod Fontanna, na rua Leszna, de um concerto beneficente em prol do conhecido pianista Leon Boruński, vencedor do Concurso Chopin, que estava com tuberculose e vivia no gueto, sem qualquer meio para se sustentar. O jardinzinho do café estava repleto. Vieram cerca de quatrocentas pessoas da elite e da pseudoelite da sociedade. Ninguém comentava o anterior "certame artístico de massas". A empolgação reinante entre as pessoas era causada por um motivo bem mais prosaico: as elegantes damas da plutocracia e as "emergentes" estavam ansiosas para ver se a senhora L. iria cumprimentar a senhora K. Ambas estavam envolvidas em projetos beneficentes e participavam ativamente dos comitês que haviam surgido nas casas mais abastadas com o objetivo de auxiliar os pobres. Essa atividade era muito prazerosa, já que se viabilizava por meio de bailes, onde as pessoas se divertiam, dançavam e bebiam, e os lucros que assim se obtinham eram destinados a fins beneficentes.

O motivo dos desentendimentos entre as duas senhoras fora um incidente ocorrido alguns dias antes no café Sztuka. Ambas eram muito bonitas, cada qual à sua maneira. Detestavam-se intensamente e tentavam seduzir, uma e outra, os seus respectivos admiradores, entre os quais Maurycy Kohn — agente da Gestapo e dono da concessão das linhas de bondes —, homem de aparência interessante, portador de um rosto sensível de artista.

Naquela noite, no café Sztuka, elas estavam se divertindo à beça, sentadas no bar — cada qual cercada por seus admiradores —, tentando superar a rival na escolha das bebidas mais sofisticadas e nos pedidos de músicas mais esnobes ao acordeonista do conjunto de jazz. A senhora L. foi a primeira a sair, sem saber que uma mulher tinha desfalecido de fome e morrido na calçada, bem diante da porta do café. Ofuscada pela luz, a senhora L. tropeçou no cadáver, entrou em pânico e não conseguiu mais se acalmar. A senhora K., que fora avisada do ocorrido, teve um comportamento totalmente diverso. Não conseguiu evitar um grito de horror ao chegar à porta, mas, logo em seguida, como se fosse tomada por um profundo sentimento de piedade, aproximou-se do corpo da infeliz, tirou da bolsa uma nota de 500 złoty e entregou-a ao senhor Kohn, dizendo:

— Peço-lhe a gentileza de providenciar para que seja devidamente enterrada.

Uma das mulheres do seu séquito sussurrou, de uma forma bem audível, para que todos pudessem ouvir:

— É um anjo, aliás, como sempre!

A senhora L. não conseguiu perdoar a senhora K., a chamou de "biscate de quinta categoria" e anunciou que não iria mais cumprimentá-la. Hoje, ambas deveriam estar presentes no concerto e a juventude dourada do gueto aguardava, tensa, o que iria acontecer quando se encontrassem.

Terminamos a primeira parte do concerto e, junto com Goldfeder, saímos para a rua desejando fumar um cigarro. Já tocávamos juntos há mais de um ano e tínhamos nos tornado grandes amigos. Hoje, também ele não está mais entre nós, apesar de tudo indicar que teria maiores chances de sobreviver do que eu! Além de extraordinário pianista, era também advogado. Diplomou-se tanto no Conservatório de Música quanto na Escola de Direito, mas, por ser demasiado exigente consigo mesmo, chegou à conclusão de que não conseguiria ser um grande pianista e passou a exercer a profissão de advogado, para depois, durante a guerra, voltar a ser pianista.

Graças à sua inteligência, charme e distinção, chegara a ser extremamente popular em Varsóvia antes da guerra. Tinha conseguido escapar do gueto e sobreviveu por dois anos escondido na casa do escritor Gabriel Karski. Uma semana antes da chegada do Exército soviético, foi fuzilado pelos alemães numa aldeiazinha perto de Varsóvia em ruínas.

Fumávamos batendo papo e nos sentíamos cada vez menos cansados. O dia estava lindo! O sol se punha por trás dos edifícios, refletindo-se nos telhados e nas janelas dos andares mais altos. O intenso azul do céu ia se transformando num azul desbotado, riscado pelo voo das andorinhas. A multidão nas ruas estava raleando e, quando mergulhada nesse brilho róseo-púrpura e dourado, parecia menos suja e menos infeliz.

Num determinado momento, vimos o senhor Kramsztyk vindo em nossa direção. Queríamos convidá-lo para entrar e ouvir a segunda parte do concerto; ele havia prometido pintar o meu retrato e eu queria falar-lhe sobre isso. Kramsztyk estava deprimido e tomado por pensamentos funestos. Acabara de saber, de fonte segura, que não conseguiríamos evitar a nossa tão temida deportação do gueto: do outro lado do muro tinha assumido, e já estava se preparando para agir, o *Vernichtungskommando*[4] alemão.

---

[4] Grupo de extermínio. (*N. do T.*)

8 ~ O formigueiro ameaçado

Naquela época estávamos, Goldfeder e eu, tentando organizar um concerto vespertino para comemorar o primeiro aniversário do nosso duo, a ser realizado no jardinzinho do café Sztuka, num sábado, 25 de julho de 1942. Estávamos otimistas. Tínhamos nos esforçado bastante na sua preparação e era muito importante para nós. Agora, na véspera do concerto, não conseguíamos acreditar que precisava ser cancelado. Estávamos convencidos de que, mais uma vez, os boatos sobre a deportação não tinham qualquer fundamento. Ainda no domingo anterior, dia 19, tinha me apresentado no jardinzinho de um dos cafés da rua Nowolipki, sem qualquer suspeita de que este seria o meu último concerto no gueto. O local estava lotado, mas era um tanto sombrio.

Após a apresentação, dei uma passada no Sztuka. Era tarde da noite e o lugar estava vazio; apenas alguns empregados terminavam as suas tarefas. Fui falar com o dono do bar. Estava arrasado e dava ordens aos empregados sem qualquer convicção, como se fosse apenas para manter as aparências.

— E então, tudo pronto para o nosso concerto de sábado?
— perguntei.

Olhou para mim como se não soubesse do que eu falava e seu rosto adquiriu uma expressão irônica de compaixão pelo meu desconhecimento das decisões que, havia muito tempo, tinham selado a repentina mudança nos destinos do gueto.

— O senhor realmente acredita que ainda estaremos vivos no sábado? — perguntou, apoiando-se na mesa e aproximando o seu rosto do meu.

— Estou convencido disso! — respondi.

Seu olhar mudou de expressão, como se a minha resposta tivesse aberto para ele uma nova perspectiva de salvação e o seu destino dependesse de mim. Agarrou a minha mão e disse, radiante:

— Se ainda estivermos vivos no sábado, o senhor poderá, por minha conta, comer tudo que quiser, e... — hesitou, por um momento, mas decidiu seguir em frente — ... e, também por minha conta, encomendar as melhores bebidas que temos no Sztuka, na quantidade que desejar!

De acordo com os boatos, as deportações deveriam iniciar-se na noite de domingo para segunda-feira. Mas a noite foi calma, e, na segunda-feira, as pessoas voltaram a respirar, aliviadas. Talvez não passasse de mais um boato.

No entanto, o pânico voltou a tomar conta de todos ao entardecer: de acordo com os mais recentes informes, as deportações começariam primeiro no pequeno gueto ainda naquela noite — desta vez, com toda a certeza. Pela ponte sobre a rua Chłodna, construída pelos alemães no intuito de nos privar desta última possibilidade de contato com a "área ariana", iniciou-se uma migração de pessoas do pequeno para o grande gueto. Uma multidão de gente excitada, com pacotes, malas e conduzindo crianças pelas mãos, tentava fugir da área ameaçada, ainda antes do toque de recolher. Fiéis à nossa atitude fatalista, decidimos permanecer no pequeno gueto. Ao anoitecer, fomos avisados pelos nossos vizinhos que a polícia tinha recebido ordens de ficar de prontidão. Portanto, algo de ruim estava sendo preparado. Fiquei em claro até as 4 horas, olhando atentamente pela janela aberta, mas, também desta vez, a noite passou em calma. Na terça-feira, Goldfeder e eu fomos até o Conselho Judaico. Continuávamos a manter a esperança de que tudo iria acabar bem e queríamos obter a informação oficial das mudanças que iriam ser implantadas no gueto nos próximos dias. Já estávamos perto do prédio do Conselho, quando passou por nós um carro conversível com o chefe do Departamento da Saúde Municipal, coronel Kon, mortalmente pálido e cercado por gendarmes. Ao mesmo tempo, como descobrimos minutos depois, estavam sendo presos vários outros funcionários do Conselho. As temíveis *łapanka* foram reiniciadas, com redobrado vigor.

Naquele mesmo dia, ocorreu um incidente que chocou toda a Varsóvia, em ambos os lados do muro: um famoso cirurgião polonês, doutor Raszeja, professor da Universidade de Poznań e uma sumidade no seu campo de trabalho, fora chamado para realizar uma complicada cirurgia no gueto. Como era costume nessas ocasiões, ele recebera um passe especial do comando alemão, mas, no momento em que ia iniciar a cirurgia, o apartamento foi invadido por uma tropa da SS que fuzilou o paciente anestesiado, o cirurgião e, em seguida, todos os moradores do prédio.

Na quarta-feira, 22 de julho, por volta das 10 horas, fui ao centro do gueto. O ambiente nas ruas não era tão pesado quanto o da tarde anterior, pois circulava um boato de que os funcionários do Conselho, presos dois dias antes, tinham sido libertados. Isso deveria indicar que os alemães não pretendiam nos deportar, já que em ocasiões semelhantes no interior da Polônia, de onde foram deportadas aglomerações menores de judeus, essas ações sempre começavam pela dissolução do Conselho Judaico.

Cheguei à ponte sobre a rua Chłodna às 11 horas. Estava tão entretido com os meus pensamentos que não notei que as pessoas paravam na ponte, apontavam para algo com os dedos e afastavam-se, revoltadas.

Estava começando a subir as escadas de madeira da ponte, quando fui agarrado pelo braço por um conhecido, a quem não via há muito tempo.

— O que está fazendo aqui? — Ele estava muito nervoso, e o seu lábio inferior tremia como o de um coelho. — Volte para casa imediatamente!

— O que está acontecendo?

— As deportações vão iniciar-se dentro de uma hora.

— Não pode ser!

— Não pode? — riu com um riso nervoso e amargo. Virou-me para o parapeito da ponte e apontou a rua Chłodna. — Veja por si mesmo!

Na rua marchava uma unidade de soldados vestidos em uniformes amarelos, até então desconhecidos para mim, comandados por um suboficial alemão. A unidade parava a cada cem passos, e um soldado se postava diante do muro.

— São tropas ucranianas... Estamos cercados! — falou choramingando e correu, escadas abaixo, sem se despedir.

Ao meio-dia, foi iniciada a operação de esvaziamento dos lares de idosos e de inválidos, bem como dos abrigos onde estavam amontoados os judeus vindos dos arredores de Varsóvia e também aqueles que tinham sido deportados da Alemanha, Tchecoslováquia, Romênia e Hungria. No meio da tarde, surgiram cartazes proclamando a deportação para o leste de todos os judeus aptos para o trabalho. Cada pessoa estava autorizada a levar consigo 20 quilos de bagagem, mantimentos para dois dias, e joias. Eles deveriam ser aquartelados de imediato e enviados para trabalhar nas fábricas alemãs locais. Estavam isentos apenas os funcionários do Conselho e das organizações sociais judaicas. Pela primeira vez, a proclamação não era assinada pelo chefe do Conselho — o engenheiro Czerniaków havia se suicidado com cianureto de potássio.

E assim o pior finalmente aconteceu, com o início da deportação de toda uma região com quinhentas mil pessoas — uma operação aparentemente absurda, na qual ninguém queria acreditar.

Nos primeiros dias a operação era realizada na base de loteria. Os prédios a serem evacuados eram escolhidos aleatoriamente, em qualquer região do gueto. Os moradores eram agrupados no pátio e todos, sem exceção, independentemente do sexo ou da idade — começando por recém-nascidos e terminando por anciães —, eram embarcados em carroças e levados para o *Umschlagplatz*.[5] Ali, as vítimas eram abarrotadas nos vagões ferroviários e despachadas para um destino desconhecido.

Nesses primeiros dias, a operação era executada exclusivamente pela polícia judaica, comandada por três facínoras: o coronel Szeryński e os capitães Lejkin e Ehrlich.

Eles não eram menos severos ou impiedosos que os alemães; talvez fossem ainda mais infames. Ao achar alguém escondido, eram facilmente subornados, mas somente com dinheiro vivo. As lágrimas, as súplicas, nem mesmo o desesperado choro das crianças conseguiam comovê-los.

Com o fechamento das lojas e a interrupção de todas as formas de suprimento de comida, a fome passou a ser geral, afetando todos. Mas este não era o nosso problema principal, pois tínhamos que obter algo mais importante do que comida — os comprovantes de que estávamos empregados.

Quando quero traçar um quadro da nossa vida naqueles dias terríveis, apenas uma imagem me vem à mente: a de um formigueiro ameaçado.

Quando alguém, num gesto brutal e desumano, começa a pisar e destruir um formigueiro, as formigas saem correndo em todas as direções, procurando uma forma, ou um caminho, de salvação. Atordoadas pela violência do ataque, ou ocupadas com as tentativas de salvar os seus descendentes e os seus bens, correm em círculos, como se estivessem sob efeito de um veneno e, em lugar de afastar-se do seu raio de ação,

---

[5] Centro de distribuição. (*N. do T.*)

retornam, pelo mesmo caminho, incapazes de abandonar o círculo mortal — e morrem. Assim como nós...

Estes momentos, tão terríveis para nós, foram muito lucrativos para os alemães. Diversas empresas alemãs foram surgindo no gueto, como cogumelos após a chuva, todas dispostas a emitir os comprovantes de emprego, desde que, obviamente, fosse paga uma quantia de milhares de złoty. No entanto, o elevado valor deste suborno não assustava as pessoas. As filas diante dessas empresas, algumas bem conhecidas, como a Többens & Schultz, cresciam a olhos vistos. Aqueles que conseguiam os comprovantes prendiam na roupa uma cartolina com o nome da empresa onde aparentemente iriam trabalhar. Acreditavam que isso os protegeria da deportação.

Eu poderia ter obtido tal comprovante com facilidade, mas, tal como na ocasião da vacina contra o tifo, somente para mim. Nenhum dos meus conhecidos podia emitir documentos para toda a família, mesmo aqueles que tinham excelentes contatos. Seis comprovantes gratuitos representavam muita coisa, e eu não tinha condições de pagar por eles. O que eu ganhava diariamente era gasto em comida. O início da operação no gueto pegou-me de surpresa, com apenas algumas centenas de złoty no bolso. Estava arrasado diante da minha impotência, especialmente ao ver que os meus conhecidos mais ricos conseguiam, com relativa facilidade, proteger as suas famílias. Desalinhado, a barba por fazer e sem pôr um bocado de comida no estômago, corria, de manhã até a noite, de firma em firma, esmolando compaixão. Afinal, após seis dias, tendo esgotado toda a minha influência e todos os meus contatos, consegui os tais comprovantes.

Cerca de uma semana antes do início da operação, encontrei-me, pela última vez, com Roman Kramsztyk. Estava emagrecido e tentava, com dificuldade, não demonstrar o seu nervosismo. Ficou feliz em me ver.

— O senhor não está numa turnê? — tentou ser engraçado.

— Não — respondi irritado. Não estava com disposição para ouvir piadas. Fiz a mesma pergunta que, naqueles dias, todos estavam fazendo:

— O que acha o senhor? Vão nos deportar a todos?

Não respondeu, preferiu evitar a resposta mudando de assunto:

— O senhor também está muito abatido! — Olhou para mim, compadecido. — Acho que está levando tudo isto demasiadamente a sério.

— E pode ser de outra forma?

Sorriu, acendeu um cigarro, ficou calado por um certo tempo, depois disse:

— O senhor verá que, de repente, tudo isto irá terminar, pois... — fez um círculo com os braços — pois esta situação não faz o menor sentido...

Disse isso de uma forma engraçada, com uma convicção submissa, como se a falta de sentido dos acontecimentos fosse motivo suficiente para alterar o seu curso.

Mas o curso não se alterou. A situação ficou ainda pior, pois nos dias seguintes os alemães trouxeram tropas lituanas e ucranianas. Eram tão corruptas quanto a polícia judaica, com uma diferença: aceitavam o suborno e, assim que o recebiam, assassinavam as pessoas que o tinham pagado. Matavam com grande prazer: por gosto, para facilitar o seu trabalho, para treinar a pontaria, ou simplesmente para se divertir. Matavam crianças diante das mães, achando graça no seu desespero. Atiravam na barriga das pessoas, para ver como se contorciam de dor, ou então faziam competições de melhor pontaria, jogando granadas sobre grupos de pessoas. Em todas as guerras emergem grupos de certas nações que, por serem demasiadamente covardes para combater em campo aberto e por demais miseráveis para ter qualquer representatividade política, aceitam o papel imoral de carrascos pagos por uma das potências. Nesta guerra, esse papel foi representado pelos fascistas da Ucrânia e da Lituânia.

Foi nessa época que os agentes da Gestapo — Kohn e Heller — tiveram o seu merecido destino. Não foram suficientemente espertos, ou pecaram por excessivo pão-durismo. Haviam subornado apenas uma das duas centrais da SS e, por azar, caíram nas mãos da outra. Ao ver os documentos emitidos pela central concorrente, os rivais ficaram furiosos. Não se limitaram a fuzilar os dois agentes, mas requisitaram a carroça de lixo, sobre a qual, no meio de sobras, sujeira e entulho, ambos os potentados fizeram a sua última viagem através do gueto, diretamente para a vala comum.

Os ucranianos e os lituanos passaram a não dar qualquer valor aos fictícios comprovantes de trabalho. Todo o meu esforço daqueles dias dedicado à sua obtenção foi por água abaixo. Era necessário ter um emprego de verdade. Por onde começar? Perdi os restos de esperança. Passei dias inteiros na cama, prestando atenção aos sons que vinham da rua. Qualquer barulho de rodas sobre o asfalto fazia com que eu entrasse num pânico incontrolável. Era o barulho das carroças que levavam as pessoas para o *Umschlagplatz* — já não havia outros veículos circulando pelo gueto — e uma delas poderia parar na porta do nosso prédio e, a qualquer momento, soar no pátio o trilar do terrível apito. Saltava da cama, corria até a janela, voltava a me deitar, para, momentos depois, correr novamente para a janela.

De toda a minha família, apenas eu me comportava de uma forma tão vergonhosamente fraca. Talvez por ser o único que — graças à minha popularidade — pudesse fazer algo para nos salvar e essa responsabilidade pesava demais sobre os meus ombros.

Meus pais e meus irmãos sabiam estar indefesos. Concentravam todos os seus esforços em dominar o medo e manter a ilusão de uma vida normal. Meu pai tocava violino o dia inteiro, Henryk estudava, Regina e Halina liam e minha mãe remendava nossas roupas.

E mais uma vez, os alemães tiveram uma nova ideia de como facilitar o seu trabalho. Colocaram cartazes por toda a cidade, informando que as famílias que se apresentassem voluntariamente no *Umschlagplatz* para serem deportadas receberiam um pão de fôrma e um quilo de marmelada por pessoa, e a garantia de que as famílias dos voluntários não seriam separadas. Surgiram massas de voluntários, motivados pela fome e pela esperança de poderem enfrentar unidos os desconhecidos e difíceis caminhos do destino.

Foi então que, inesperadamente, Goldfeder veio em nossa ajuda. Ele teve a oportunidade de contratar um grupo de pessoas para o local de agrupamento junto do *Umschlagplatz*, onde eram separados os móveis e demais objetos retirados das casas dos judeus deportados. Conseguiu que meu pai, Henryk e eu fôssemos contratados e depois nós mesmos pudemos levar para lá minha mãe e minhas irmãs. Mamãe não ficou trabalhando conosco, foi destacada para administrar a nova "residência" no prédio onde fomos alojados. Tal administração era bastante simples: cada um de nós recebia meio pão de fôrma e um quarto de litro de sopa por dia, e bastava racionar e distribuí-los adequadamente, para que a fome fosse iludida da melhor maneira possível.

Esse foi o meu primeiro trabalho para os alemães. De manhã até a noite carregava móveis, espelhos, tapetes, roupas — objetos que até poucos dias atrás tinham pertencido a alguém, davam individualidade ao interior de uma casa habitada por pessoas de bom gosto, ricos ou pobres, bons ou maus. Agora, esses objetos eram de ninguém, abandonados, e somente de vez em quando, ao transportar algumas roupas de baixo, emanavam deles um delicado cheiro de perfume amado por alguém, suave como uma lembrança, ou então apareciam, por alguns segundos, coloridos monogramas bordados sobre um fundo branco. De qualquer modo, eu não podia me ocupar com esses devaneios. Cada segundo de distração resultava num doloroso golpe de cassetete ou num pontapé do gendarme e podia até custar a vida, como aconteceu com dois jovens fuzilados no local por terem deixado cair um espelho.

Em 2 de agosto, ordenaram a todos os judeus ainda restantes no pequeno gueto que o desocupassem até as 18 horas. Consegui liberar-me do trabalho e, munido de um carrinho de mão, transportei, do apartamento da rua Śliska para o novo alojamento, tudo que me foi possível: algumas roupas de baixo, lençóis, partituras das minhas composições, críticas dos meus concertos, bem como o violino do meu pai. Isso passou a ser todo o nosso patrimônio.

Alguns dias depois, creio que em 5 de agosto, consegui me liberar novamente do trabalho e estava andando pela rua Gęsia quando, totalmente por acaso, pude testemunhar a expulsão do gueto de Janusz Korczak e seus órfãos.

A evacuação do orfanato judaico dirigido por Korczak fora planejada para aquela manhã. A ordem de evacuação estipulava que as crianças deveriam ser deportadas e que o senhor Korczak fosse poupado. Ele teve muita dificuldade em convencer os alemães de que desejava acompanhá-las de livre e espontânea vontade. Havia passado vários anos da sua vida com elas e, agora que estavam embarcando para o seu destino final, não queria deixá-las sozinhas. Queria tornar essa viagem mais fácil para elas. Explicou aos órfãos que deveriam estar contentes, pois estavam sendo levados para uma fazenda. Finalmente eles iriam trocar aqueles muros tenebrosos e fedorentos por campos cobertos de flores, por fontes de água pura onde poderiam banhar-se, por florestas cheias de frutas silvestres e de cogumelos. Mandou que se vestissem como para uma festa, e eles, cuidadosamente vestidos e radiantes, colocaram-se, em pares, no pátio do orfanato.

A pequena coluna era comandada por um homem da SS que, como todo alemão, amava as crianças — principalmente aquelas que iria despachar para o outro mundo. Gostou sobretudo de um menino de uns 12 anos — um violinista com seu violino debaixo do braço. Colocou-o na frente da coluna e mandou-o tocar.

Quando dei com eles na rua Gęsia, as crianças, sorridentes, cantavam em coro, acompanhadas pelo pequeno violinista, enquanto Korczak carregava nos braços os dois mais jovens, também risonhos, e contava-lhes algo muito engraçado.

Estou convencido de que, já dentro da câmara letal, quando o gás sufocava as traqueias e o medo tomava o lugar da alegria e da esperança no coração dos órfãos, o Velho Doutor lhes sussurrava, com as suas últimas forças:

— Isto não é nada, meus filhos! Isto não é nada... — desejando poupar os seus pequenos protegidos do medo da passagem da vida para a morte.

No dia 16 de agosto de 1942, chegou, finalmente, a nossa vez. Foi feita uma seleção e somente Henryk e Halina foram considerados aptos para continuar trabalhando. Meu pai, Regina e eu fomos enviados de volta para o alojamento e, assim que lá chegamos, o local foi cercado e soou o temível apito.

Não valia a pena lutar mais. Eu tinha feito todo o possível para salvar os que me eram próximos e a mim mesmo. Agora, porém, não havia mais salvação. Talvez Henryk e Halina tivessem mais sorte...

Começamos a nos vestir, enquanto chegavam até nós do pátio gritos e disparos. Minha mãe fez uma trouxa com o que conseguiu juntar e descemos as escadas.

9 ~ O Umschlagplatz

O centro de Distribuição era uma praça localizada numa das extremidades do gueto. Antes da guerra, apesar do seu aspecto obscuro e da rede de becos e ruelas imundos que a circundavam, podia-se encontrar lá verdadeiros tesouros. Era o ponto final de uma linha férrea construída especialmente para trazer as mais diversas mercadorias de todo o mundo, que, uma vez negociadas pelos comerciantes judeus, eram encaminhadas para os depósitos na rua Nalewki e na travessa Simon, onde se abasteciam as lojas de Varsóvia.

A praça tinha o formato de um gigantesco círculo rodeado por casas e cercas, e dali saíam algumas ruelas que a ligavam, convenientemente, com a cidade. Estas ruas estavam agora bloqueadas. O local podia comportar até oito mil pessoas.

Quando chegamos à praça, estava quase deserta. As pessoas corriam de um lado para outro, procurando, em vão, encontrar água para se refrescar. Era um glorioso dia de fim de verão e fazia muito calor. O céu azul-acinzentado dava a impressão de que iria se transformar em cinzas diante do calor vindo do chão de terra batida e das paredes ofuscantes dos prédios, enquanto o sol implacável sugava as últimas gotas de suor dos corpos exaustos.

Ninguém se aproximava da saída de uma das ruelas. Os transeuntes passavam ao largo, olhando com horror. Ali jaziam os restos mortais daqueles que haviam sido assassinados na véspera por terem desobedecido a alguma ordem ou por terem tentado fugir. Entre os cadáveres dos homens jaziam também os corpos de uma jovem mulher e de duas menininhas com os crânios despedaçados. As pessoas apontavam para as marcas de sangue claramente visíveis e os restos de massa encefálica no muro, ao pé do qual jaziam os corpos. As crianças haviam sido assassinadas pelo método preferido dos alemães: agarravam-nas pelas pernas e arrebentavam suas cabeças contra o muro. Sobre os cadáveres e manchas de sangue coagulado, caminhavam grandes moscas pretas e via-se claramente como os corpos em decomposição estavam inchando em virtude do calor.

Encontramos um lugar para sentar e aguardar a chegada do trem. Minha mãe acomodou-se sobre a trouxa de roupas. Regina ficou de cócoras a seu lado, eu permaneci de pé e o meu pai, com as mãos às costas, pôs-se a caminhar nervosamente, quatro passos à frente, quatro passos atrás. Só então, ao sol ofuscante, quando não havia mais qualquer sentido em inventar planos ilusórios de salvação, pude olhar com atenção para minha mãe. Apesar da sua aparente calma, estava muito abatida. Os seus outrora lindos e sempre bem-cuidados cabelos estavam agora totalmente grisalhos e caíam em desalinho sobre o rosto exausto e enrugado. Seus olhos negros e brilhantes estavam apagados e um tique nervoso, que eu nunca tinha visto antes, sacudia o seu rosto desde a têmpora direita até o canto da boca, demonstrando como estava chocada com tudo que se passava à nossa volta. Regina, ao lado dela, chorava convulsivamente cobrindo o rosto com as mãos, e lágrimas escorriam por entre seus dedos.

A todo instante viam-se mais carroças com pessoas destinadas à deportação. Os recém-chegados não escondiam o desespero: os homens falavam em voz alta e as mulheres, separadas dos seus filhos, soluçavam e choravam histericamente. No entanto, em pouco tempo a apatia reinante no *Umschlagplatz* também se abateu sobre eles. Calavam-se e somente aqui ou acolá surgiam curtas ondas de pânico, quando algum dos homens da SS resolvia atirar em alguém que não se havia afastado suficientemente rápido do seu caminho, ou cujo rosto não expressara a devida humildade. Uma jovem, com vestido rasgado e cabelos embaraçados como se tivesse participado de uma luta corporal, estava sentada no chão perto de nós com os olhos fixos num ponto distante. Segurava o pescoço com as mãos e perguntava, regular e monotonamente:

— Por que eu fiz isso? Por que eu fiz isso?

O homem a seu lado, certamente o marido, tentava acalmá-la e sussurrava algo suavemente no seu ouvido, mas ela não o ouvia.

No meio das pessoas que iam sendo forçadas para dentro da praça, pudemos ver vários conhecidos. Aproximavam-se de nós, cumprimentavam-nos e, por força do hábito, começavam a entabular uma conversa, mas não muito prolongada.

Calavam-se em poucos instantes e se afastavam para tentar ocultar solitariamente o seu nervosismo.

O sol elevava-se mais e mais no firmamento, queimando-nos com os seus raios abrasadores, aumentando a nossa fome e sede. Não havíamos posto nada na boca desde a noite anterior, quando tomamos um prato de sopa e comemos um pedaço de pão. Eu não aguentava mais ficar parado no mesmo lugar e decidi caminhar pela praça, que estava ficando apertada com a chegada de novas levas de pessoas. Era necessário esgueirar-se por entre grupos que, de pé ou deitados, falavam sempre sobre o mesmo assunto: para onde seriam levados, e se era realmente para trabalhos forçados, conforme tentara convencê-los a polícia judaica.

Numa parte da praça, deitado no chão de terra batida, estava um grupo de velhinhos — homens e mulheres, na certa provenientes de um lar de idosos. Estavam esqueléticos e sem dúvida esgotados fisicamente pela fome e calor — claramente no limite das suas forças. Alguns tinham os olhos semicerrados e não se podia distinguir se estavam mortos, ou se estavam morrendo naquele instante. Se fôssemos mandados para trabalho escravo, o que seria daqueles velhinhos?

Mulheres com crianças nos braços arrastavam-se de grupo em grupo, implorando uma gota de água, cujo suprimento fora propositalmente cortado pelos alemães. As crianças tinham os olhos sem vida, as suas cabeças balançavam em pescoços fininhos e seus lábios ressecados estavam abertos, parecendo bocas daqueles peixinhos que os pescadores jogam fora na beira do rio.

Quando retornei para junto dos meus pais, eles não estavam mais sozinhos. Junto à minha mãe se encontrava sentada uma amiga enquanto o seu marido, outrora dono de uma grande loja, conversava com o meu pai. Um companheiro comum dos dois, um dentista cujo consultório ficava próximo ao nosso apartamento na rua Śliska, havia se juntado a eles. O comerciante mantinha certo otimismo, enquanto o dentista via tudo pelo lado ruim. Estava nervoso e amargurado.

— Isto é uma desonra para todos nós! — gritava. — Estamos deixando que nos levem para o matadouro como se fôssemos ovelhas! Somos quase meio milhão de pessoas; se nos atirássemos sobre os alemães, libertaríamos o gueto. Ou, pelo menos, morreríamos com dignidade e não nos tornaríamos uma mancha de vergonha na história do mundo!

Meu pai ouvia-o com timidez e um benevolente sorriso. Deu de ombros e disse:

— Como pode saber o senhor que seremos todos enviados para a morte?

O dentista agitou as mãos, impaciente.

— Claro que não sei! Como poderia saber? E eles iriam revelar isso para nós? Mas minha certeza de que querem acabar conosco é de 90 por cento.

Meu pai sorriu novamente, como se aquela resposta lhe tivesse dado mais confiança no que estava pensando.

— Olhe em volta — disse, apontando para a multidão aglomerada no *Umschlagplatz* —, nós não somos heróis. Somos apenas seres humanos e por isso preferimos aceitar o risco, mesmo com apenas 10 por cento de chances de sobreviver.

O dono da loja apoiava meu pai. Ele também tinha uma opinião diametralmente oposta à do dentista: os alemães não poderiam ser tão estúpidos a ponto de se desfazerem de uma força de trabalho como a representada pelos milhões de judeus. Acreditava em campos de trabalho, talvez até muito pesado, mas certamente não em assassinatos em massa.

Enquanto isso, sua mulher falava para Regina e minha mãe da prataria que havia murado nas paredes do porão da sua casa. Era linda e muito valiosa, e esperava recuperá-la após o retorno do desterro.

Repentinamente, um novo grupo de pessoas foi atirado na praça. Vimos, com horror, que Henryk e Halina faziam parte do grupo. Então eles também teriam que compartilhar o nosso destino. A única coisa que ainda mitigava o nosso sofrimento era a ideia de que eles, pelo menos eles, tivessem a possibilidade de se salvar.

Corri em direção a Henryk — convencido de que a sua tola postura de retidão de caráter tinha sido o motivo pelo qual nem ele, nem Halina conseguiram evitar a deportação. Bombardeei-o com perguntas e recriminações, mas não fui considerado digno de receber qualquer resposta. Henryk deu de ombros, tirou uma edição de bolso das obras de Shakespeare e ocupou-se com a sua leitura.

Vim a saber a razão da presença deles no *Umschlagplatz* por intermédio de Halina: ao receber a notícia da nossa deportação, eles, simplesmente, se ofereceram como voluntários, para estar conosco e compartilhar nosso destino.

Tratava-se de uma reação emocional totalmente imbecil. Lembrando que os seus nomes não constavam da lista dos que iriam ser deportados, decidi tirá-los do *Umschlagplatz* a qualquer custo.

Eles haviam sido trazidos por um membro da polícia judaica que me conhecia do Sztuka, e eu achei que não teria dificuldades em comovê-lo, uma vez que — olhando sob o prisma exclusivamente legal — não havia qualquer motivo para que fossem deportados. Infelizmente, estava redondamente enganado. Nem quis me ouvir. Assim como todos os demais policiais judeus, tinha uma cota diária de cinco pessoas a serem trazidas para o *Umschlagplatz* e, caso não a cumprisse, ele mesmo seria deportado. Halina e Henryk haviam completado a sua cota daquele dia e ele não tinha a mínima intenção de libertá-los. Estava cansado e, caso os soltasse, teria que fazer uma nova *łapanka* para os substituir. Além disso, onde iria fazê-la? Uma *łapanka* não era algo simples de se fazer, as pessoas não facilitavam o trabalho dos policiais ao se esconder.

Voltei para junto dos meus, totalmente derrotado. A derradeira tentativa de salvar pelo menos uma parte da nossa família também havia falhado. Sentei, arrasado, ao lado da minha mãe.

Embora já fossem 17 horas, o calor não cedia e a multidão continuava a crescer. As pessoas se perdiam no aperto e se chamavam aos gritos, mas — em vão. Das ruelas vizinhas ouvia-se o espocar de tiros e gritos em alemão, tão comuns em todas as *łapanka*. A tensão ia aumentando à medida que se aproximava a hora da chegada do trem.

A situação era agravada pela jovem que estava ao nosso lado, repetindo incessantemente a mesma pergunta: "Por que eu fiz isso?" Já sabíamos a quem ela se referia. O dono da loja conseguira descobrir: quando veio a ordem para que todos abandonassem o prédio, a jovem escondeu-se num lugar já preparado para este fim, junto com o marido e o filho. A criança começou a chorar no momento em que passavam os policiais, e a mãe, num momento de terror, estrangulou o filho com as próprias mãos. O choro da criança fora ouvido e o esconderijo descoberto.

Um rapaz, carregando uma bandeja de doces pendurada no pescoço, aproximou-se de nós, forçando passagem no meio da multidão. Vendia-os por preços exorbitantes, embora só Deus pudesse saber o que ele pretendia fazer com o dinheiro arrecadado... Conseguimos comprar um único doce com o restante do nosso dinheiro. Meu pai dividiu-o em seis partes iguais com o seu canivete — esta foi a nossa última refeição juntos.

Por volta das 18 horas, entraram na praça vários veículos e os gendarmes começaram a retirar os indivíduos mais jovens e mais fortes do meio da multidão. Era evidente que esses felizardos iriam ter um destino diferente dos demais. A multidão começou a deslocar-se em direção aos gendarmes, cada um tentando chamar a atenção para si, apregoando o seu valor físico. Os alemães responderam com uma salva de tiros. O dentista, que continuava ao nosso lado, não podia se conter de indignação. Voltou-se com raiva para meu pai, como se tudo isso fosse culpa dele.

— Agora, pelo menos, o senhor terá que me dar razão ao dizer que seremos exterminados. Os ainda aptos para o trabalho vão ficar. Os demais serão enviados para a morte!

A sua voz era inaudível no meio dos tiros e dos gritos da multidão. Meu pai, chocado e triste, manteve-se em silêncio. O dono da loja deu de ombros e sorriu ironicamente: não se deixava abater. Em sua opinião, a seleção de umas duas centenas de pessoas não comprovava coisa alguma.

Os alemães partiram, tendo arregimentado a mão de obra de que precisavam, mas a multidão não se acalmou. Poucos minutos depois, ouviu-se o apito de uma locomotiva e o barulho das rodas dos vagões. Passaram-se ainda outros minutos e pudemos ver o trem. Uma dúzia de vagões usados para o transporte de gado aproximava-se de nós, e a leve brisa proveniente da sua direção trazia uma onda de sufocante fedor de cloro.

Ao mesmo tempo, o círculo formado pela polícia judaica e por tropas da SS foi se apertando, empurrando a multidão para o centro da praça e dando tiros de advertência. Da turba emanavam os lamentos das mulheres e o choro das crianças.

Começamos a andar. Esperar o quê? Queríamos entrar nos vagões o mais rapidamente possível. Alguns passos diante de nós, uma ala de policiais havia formado um amplo corredor que terminava nas portas abertas.

Quando conseguimos chegar junto ao trem, os primeiros vagões já estavam repletos; as pessoas ficavam de pé, espremidas umas contra as outras. Os homens da SS continuavam a empurrar ainda mais gente para dentro com as coronhas dos seus fuzis, apesar dos gritos de desespero e da falta de ar. Se as emanações tornavam o ar irrespirável a uma certa distância do trem, o que deveria se passar no seu interior, com o chão dos vagões cobertos por uma espessa camada de cloro?

Já estava lotada mais da metade do trem, quando ouvi alguém chamar:

— Aqui! Aqui, Szpilman!

Uma mão agarrou a gola da minha camisa e fui arrancado para fora do cordão policial.

Quem ousava se comportar dessa forma comigo? Eu não queria separar-me da minha família. Queria ficar com ela!

A minha visão estava bloqueada pelas costas dos policiais. Atirei-me sobre eles, mas não cederam. Acima das suas cabeças, pude ver quando minha mãe e Regina, apoiadas por Halina e Henryk, entraram no trem, enquanto meu pai tentava me identificar no meio da multidão.

— Papai! — gritei.

Conseguiu me encontrar e deu uns passos na minha direção, mas logo em seguida hesitou e se deteve. Estava muito pálido, seus lábios tremiam. Tentou sorrir, de uma forma desamparada e dolorosa, levantou o braço e acenou para mim, como se eu estivesse voltando ao mundo dos vivos e ele se despedisse de mim, já do outro lado. Deu meia-volta e se voltou para os vagões.

Novamente me atirei, com todas as minhas forças, contra os policiais.

— Papai! Henryk! Halina!

Gritava como um desesperado, envolvido pelo medo de que agora, nesse momento crucial, não conseguisse chegar até eles e ficássemos separados para sempre.

Um dos policiais virou-se e olhou para mim com raiva:

— O que o senhor está fazendo? Melhor tentar salvar-se!

Salvar-se? De quê? Repentinamente, me dei conta do que aguardava as pessoas amontoadas nos vagões. Fiquei com os cabelos em pé. Olhei em volta: a praça agora estava vazia e atrás das rampas de acesso e dos trilhos do trem pude ver uma saída aberta. Comecei a correr naquela direção, levado por um incontrolável medo animalesco. Consegui misturar-me com alguns funcionários do Conselho Judaico e, com eles, atravessar o portão.

Quando dei por mim, estava num caminho cercado por prédios. De um deles saiu um soldado da SS, acompanhado por um policial judeu. Tinha o rosto arrogante e obtuso, e o policial fazia de tudo para lhe agradar, sorrindo e fazendo mesuras. Apontou para o trem no *Umschlagplatz* e disse, como se estivesse confidenciando para um colega, com a voz cheia de zombaria e de desprezo:

— Olhe para eles; vão ser todos derretidos!

Olhei naquela direção: as portas dos vagões já estavam fechadas e o trem começava a se movimentar, lenta e pesadamente.

Virei e, chorando muito, segui em frente, perseguido pelos cada vez mais distantes gritos das pessoas trancadas nos vagões, que mais pareciam pios desesperados de pássaros amontoados em gaiolas e ameaçados por um grave perigo.

10 ~ Uma chance de sobrevivência

Fui andando em frente; não me importava para onde. O *Umschlagplatz* e o trem com a minha família tinham ficado para trás. Não ouvia o barulho do trem — já estava fora da cidade, mas, assim mesmo, podia senti-lo afastando-se de mim. A cada passo, sentia-me mais sozinho. Fui tomado por um sentimento de irremediável ruptura com tudo que até agora representara a minha vida. Não sabia que destino me aguardava; sabia apenas que seria o que havia de pior. Em hipótese alguma podia voltar para o prédio onde estive alojado com a minha família. Os homens da SS me matariam no local, ou então, supondo que eu fosse alguém que, por um descuido, deixara de ser deportado, me mandariam de volta para o *Umschlagplatz*. Não tinha a mais vaga ideia de onde iria passar a noite, mas isso me era indiferente, e apenas no meu subconsciente se escondia o medo do anoitecer.

A rua era um deserto; os portões dos prédios ainda habitados estavam trancados a sete chaves, mas os dos prédios cujos moradores haviam sido evacuados estavam escancarados de par em par. Um membro da polícia judaica vinha na minha direção. Não lhe teria dado a mínima atenção se ele não tivesse parado, exclamando:

— Władek!

Parei, e ele acrescentou, com espanto:

— O que você está fazendo aqui, a esta hora?

Então o reconheci. Era um primo, visto com desagrado pela minha família. Tentávamos evitá-lo por se tratar de um indivíduo cuja retidão de caráter era duvidosa. Sabia safar-se de qualquer situação, sempre se dando muito bem usando métodos que, aos olhos das demais pessoas, não eram muito decentes. A sua má fama foi confirmada quando ingressou na polícia judaica.

Ao vê-lo de uniforme, todos estes pensamentos passaram pela minha cabeça, mas, logo em seguida, ficou claro para mim que era meu primo e que, agora, era a única pessoa que restara da minha família. Alguém a quem, de certa maneira, estava ligado por laços familiares.

— Você sabe que... — eu ia lhe contar da deportação dos meus pais e dos meus irmãos, mas as palavras não conseguiam sair da minha boca. De qualquer forma, ele entendeu. Aproximou-se de mim e me pegou pelo braço.

— Talvez tenha sido até melhor — sussurrou. Sacudiu a mão, resignado. — Quanto mais cedo, melhor. Esse fim aguarda a nós todos...

Ficou calado por um instante, e acrescentou:

— De qualquer modo, você virá comigo para a nossa casa. Servirá para animar todos.

Concordei e passei a minha primeira noite solitária na casa dele. No dia seguinte, bem cedo, fui procurar Mieczysław Lichtenbaum, filho do novo chefe do Conselho Judaico, a quem conhecia ainda do tempo em que me apresentava nos cafés do gueto. Ele sugeriu que eu fosse tocar no *Vernichtungskommando*, o cassino alemão onde os homens da Gestapo e da SS, exaustos pelas matanças diárias de judeus, iam se divertir e onde eram servidos por pessoas que, mais cedo ou mais tarde, também matariam. Obviamente, não quis aceitar a proposta, embora Lichtenbaum não pudesse compreender por que ela não me agradara e sentiu-se ofendido pela minha recusa. Recomendou que eu fosse incluído na lista dos trabalhadores que desmontavam os muros da área do gueto que fora absorvida pela parte "ariana" da cidade.

No dia seguinte, pela primeira vez em dois anos, saí do recinto judaico da cidade. O dia estava bonito, tal como fora aquele último que passei com a minha família no *Umschlagplatz*. Caminhávamos em grupo, em fileiras de quatro, comandados por mestres de obras judeus e vigiados por dois soldados da SS. Paramos na praça Żelazna Brama. Não é que ainda existia uma vida normal?

Diante do mercado municipal, transformado em depósito pelos alemães, pude ver comerciantes com cestas repletas de mercadorias. Os ofuscantes raios de sol avivavam as cores das frutas e legumes, cintilavam nas escamas dos peixes e refletiam-se nas tampas brilhantes de latas de conservas. Os comerciantes estavam cercados de mulheres que, andando de cesto em cesto, pechinchavam e, depois de comprar, se afastavam na direção do centro da cidade. Os que comercializavam ouro e divisas gritavam monotonamente:

— Ouro, compro ouro. Dólares, rublos...

Após um certo tempo, ouviu-se uma buzina partindo de uma das ruas transversais e surgiu a silhueta cinza escura de um caminhão da polícia. Os comerciantes entraram em pânico, guardaram rapidamente os seus produtos e saíram correndo. Um caos incontrolável apossou-se da praça. Dei-me conta de que também ali a situação não era tão boa quanto parecia.

Tentávamos trabalhar no desmonte do muro o mais lentamente possível; dessa forma, teríamos trabalho por mais tempo. Os mestres judeus não nos apressavam, e os homens da SS comportavam-se de uma forma melhor do que no gueto. Conversavam despreocupadamente e apreciavam a paisagem.

O caminhão atravessou a praça e desapareceu. Os comerciantes voltaram para os seus lugares e a praça voltou à sua aparência anterior, como se nada de anormal tivesse ocorrido. Os meus colegas afastavam-se do trabalho, um de cada vez, para comprar alguns produtos nas barracas, guardando-os em sacolas trazidas especialmente para este fim. Como não tinha dinheiro, pude somente olhar, apesar de estar quase morto de fome.

Um jovem casal, vindo do jardim Saski, caminhava em direção ao nosso grupo. Ambos estavam esplendidamente vestidos. A mulher era linda. Não conseguia tirar os olhos dela. Estava rindo, balançava sensualmente os quadris, e os dourados raios do sol refletiam-se nos seus cabelos louros, dando a impressão de uma auréola envolvendo sua cabeça. Ao passar junto de nós, diminuiu o passo e exclamou:

— Olhe, olhe!

O homem não entendeu. Fitou-a de forma interrogativa. Ela apontou para nós com o dedo:

— São judeus!

Ele espantou-se.

— E daí? — Deu de ombros. — Você nunca tinha visto judeus antes?

A mulher deu uma risadinha encabulada, agarrou com mais força o braço do seu parceiro e seguiram em frente, na direção da feira.

Consegui emprestados 50 złoty de um dos meus colegas. Comprei batatas e um pão. Comi uma fatia do pão na hora e o resto, junto com as batatas, levei para o gueto. Naquela noite mesmo, fiz o primeiro negócio da minha vida. Vendi por 50 złoty o pão pelo qual pagara 20, e consegui 18 pelas batatas, compradas por 3. Estava alimentado, pela primeira vez em muito tempo, e, além disso, dispunha de um capital de giro para as compras do dia seguinte.

O trabalho do desmonte do muro era monótono. Saíamos do gueto cedinho pela manhã e ficávamos, até as 5 da tarde, parados junto a um monte de tijolos, fingindo trabalhar. Este ócio não parecia incomodar os meus colegas; ocupavam-se com a escolha dos produtos que deveriam comprar para contrabandeá-los para o gueto e depois vendê-los com o maior lucro possível. Eu, de minha parte, comprava exclusivamente os produtos mais comuns, querendo ganhar apenas o suficiente para me alimentar. Quando pensava, era somente nos meus entes queridos: onde estariam agora, para qual campo de concentração os tinham enviado e como estavam vivendo.

Certo dia passou por nós um grande amigo meu. Era o Tadeusz Blumental, um judeu com feições tão "arianas" que não precisou confessar suas origens e pôde viver fora dos muros do gueto. Ficou contente em me ver e, ao mesmo tempo, penalizado com a situação em que me encontrava. Deu-me algum dinheiro e prometeu que tentaria ajudar-me; avisou que no dia seguinte viria uma mulher que, se eu conseguisse me afastar despercebido, me levaria para um esconderijo seguro. De fato, a mulher veio no outro dia, mas, infelizmente, com a notícia de que as pessoas com as quais eu deveria ficar se recusaram a esconder um judeu.

Dias depois, fui visto pelo regente da Orquestra Filarmônica de Varsóvia — Jan Dworakowski. Ficou sinceramente emocionado ao me encontrar. Abraçou-me e perguntou pela minha família. Quando lhe disse que fora deportada de Varsóvia, olhou para mim — pelo menos assim me pareceu — com um olhar cheio de compaixão e abriu a boca, como se quisesse dizer algo. No entanto, conteve-se no último momento.

— O que o senhor acha que lhes aconteceu? — perguntei, ansioso.

— Meu caro senhor Władysław! — abraçou-me de novo, carinhosamente. — Talvez seja melhor que o senhor saiba a verdade... para que tome o máximo cuidado consigo mesmo — hesitou por um momento, apertou a minha mão e continuou a falar baixinho, quase num sussurro: — O senhor nunca mais os verá.

Deu meia-volta rapidamente, e afastou-se. Andou alguns passos, virou-se novamente e voltou para abraçar-me em despedida, mas eu não tive forças para retribuir o seu carinho.

Desde o início eu sabia, subconscientemente, que as histórias alemãs sobre os campos "com adequadas condições de trabalho" eram mentiras deslavadas. Dos alemães, nós só podíamos esperar a morte. No entanto, assim como os demais judeus no gueto, eu alimentava a ilusão de que talvez as coisas não fossem assim, e que, desta vez, as promessas alemãs fossem honestas. Quando pensava na minha família, tentava considerá-la pertencendo ao mundo dos vivos — provavelmente cheia de privações, mas viva — com a esperança de que, apesar de tudo, iria vê-la novamente. Dworakowski destruiu esta ilusão. Somente muito mais tarde pude me dar conta de que ele estava coberto de razão; o pleno conhecimento do perigo que corria deu-me mais forças para lutar pela minha sobrevivência.

Passei os dias seguintes como um sonâmbulo; levantava-me mecanicamente de manhã, movia-me mecanicamente e, também mecanicamente, jogava-me sobre o colchonete num depósito de móveis requisitado pelo Conselho Judaico, onde passava as noites. Eu tinha que aprender a conviver com a ideia da perda de meus pais, Halina, Regina e Henryk.

Os russos realizaram um bombardeio sobre Varsóvia. Todos correram para os abrigos antiaéreos. Os alemães estavam indignados e furiosos, enquanto os judeus, embora não pudessem demonstrá-lo, não cabiam em si de contentamento. Cada bomba que caía trazia um sorriso para os nossos rostos; elas eram um sinal da possível derrota dos alemães, o que seria a nossa única forma de salvação. Eu não descia para os abrigos — pouco me importava, viver ou morrer.

As condições de trabalho no desmonte dos muros foram se deteriorando. Os soldados alemães foram substituídos por lituanos, e estes não permitiam mais fazer compras no mercado. Além disso, ao entrar de volta no gueto, éramos revistados cuidadosamente. Numa certa tarde, realizaram uma nova seleção no nosso grupo. Um gendarme alemão colocou-se na nossa frente e, de uma forma totalmente aleatória, começou a nos separar em dois grupos: para a esquerda — a morte, para a direita — a vida. Coube-me a facção do lado direito. Deu ordem aos que tinham sido mandados para o lado esquerdo que se deitassem com o rosto no chão e matou-os, ali mesmo, com o seu revólver.

Uma semana mais tarde, surgiram no gueto cartazes anunciando uma nova seleção geral dos judeus remanescentes. Dos cem mil — trezentos mil já haviam sido deportados — deveriam restar apenas cinco mil — os trabalhadores especializados, indispensáveis aos alemães.

Os funcionários do Conselho Judaico foram instruídos para se apresentar no pátio do Conselho; os demais deveriam ser concentrados na área do gueto delimitada pelas ruas Nowolipki e Gęsia. Um dos membros da polícia judaica, tenente Blaupapier, munido de um cassetete, batia naqueles que tentavam indevidamente entrar no pátio do Conselho.

Os que foram escolhidos para permanecer no gueto receberam um número impresso num cartão carimbado.

O Conselho tinha o direito de escolher cinco mil pessoas dentre seus funcionários. Não recebi o meu número no primeiro dia, mas, mesmo assim, dormi tranquilo e resignado, enquanto os meus colegas quase enlouqueciam de pavor. No dia seguinte, bem cedo, já estava de posse do número. Fomos colocados em filas de quatro e ficamos aguardando até que a comissão de controle alemã se dignasse a comparecer para verificar se o número dos que iriam ser poupados não era excessivo.

Marchamos, em filas de quatro e cercados por policiais, na direção do portão do Conselho, deixando para trás a multidão dos condenados à morte e ouvindo os gritos de desespero e as maldições que lançavam sobre nós por termos tido a sorte de ser milagrosamente poupados. As tropas lituanas, destacadas para vigiar essa fronteira entre a vida e a morte, disparavam suas armas contra a multidão para, dessa forma tão natural naqueles dias, acalmá-la.

E mais uma vez foi me dada uma nova chance de sobrevivência. Mas por quanto tempo?

11 ~ "Hej strzelcy wraz!"[6]

Mudei de moradia mais uma vez. Já perdi a conta de quantas vezes desde o início da guerra, quando morávamos na rua Śliska. O local que me fora destinado era uma cela com alguns utensílios domésticos indispensáveis e estrados de madeira. Eu o compartilharia com a família Próżański, composta de três pessoas, e mais a senhora A., uma mulher silenciosa que, embora compartilhasse o nosso quartinho, levava uma vida à parte. Logo na primeira noite, tive um sonho que acabou de vez com todas as ilusões quanto ao destino da minha família. Sonhei com o meu irmão Henryk. Ele se aproximou e, inclinando-se sobre o meu estrado, disse:

— Já não estamos mais vivos.

Fui acordado às 6 horas pelo barulho de vozes e passos no corredor. O grupo dos trabalhadores "privilegiados" estava saindo para auxiliar na reforma do palacete do comandante

---

[6] "Ei! Atiradores unidos..." – O primeiro verso do hino das tropas de elite do Exército polonês. (*N. do T.*)

da SS de Varsóvia, na avenida Ujazdowskie.[7] O privilégio consistia em um prato de sopa de carne que podia saciar a fome por algumas horas. Nós saíamos logo depois, com os estômagos praticamente vazios, tendo ingerido uma sopa aguada, cujo conteúdo, assim como o nosso trabalho, não tinha qualquer valor. Devíamos varrer o pátio do Conselho Judaico.

Num certo dia, fui enviado, junto com o senhor Próżański e seu filho, para o prédio onde estavam localizados os depósitos do Conselho e as moradas dos seus funcionários. Eram 14 horas, quando ouvimos o temível apito e os costumeiros gritos dos alemães expulsando todos para a rua. Ficamos paralisados de medo. Já se haviam passado dois dias desde que recebêramos os cartões numerados que nos davam direito à vida. Todos os moradores do prédio tinham cartões, portanto não podia se tratar de uma *łapanka*. O que estaria ocorrendo?

Saímos rapidamente e constatamos que, realmente, tratava-se de uma nova seleção! E mais uma vez fomos assolados pela incerteza, e mais uma vez os homens da SS gritavam, separavam as famílias e selecionavam as pessoas à esquerda e à direita, agredindo a todos com palavras e pancadas. O nosso grupo era composto, salvo algumas exceções, por pessoas a quem fora dado o direito de viver. Uma dessas exceções era o filho de Próżański, um jovem bondoso, de quem me tornara amigo apesar de estarmos morando juntos havia apenas dois dias. Não descreverei o desespero do pai dele. O seu desespero era igual ao de milhares de pais e mães do gueto. O que não parecia normal era o fato de que os funcionários do Conselho

---

[7] A maior e a mais nobre das avenidas de Varsóvia. (*N. do T.*)

sempre conseguiam ser poupados mediante um pagamento aos "incorruptíveis" agentes da Gestapo. No seu lugar, para preencher a quota das vítimas, eram enviados para a morte marceneiros, garçons, barbeiros e outros profissionais, que, efetivamente, poderiam ter alguma utilidade para os alemães. O jovem Próżański conseguiu escapar do *Umschlagplatz* e sobreviveu por mais algum tempo.

Num certo dia, fui chamado pelo chefe do nosso grupo, e informado de que ele havia conseguido alocar-me numa turma que estava construindo os alojamentos da SS em Mokotów. Graças a isso, me garantiram que eu receberia uma refeição mais substancial e teria melhores condições de trabalho. A realidade, no entanto, mostrou-se bem diferente. Tínhamos que levantar duas horas mais cedo para, tendo atravessado a cidade e caminhado por uma dezena de quilômetros, alcançarmos pontualmente o local do trabalho. Ao chegarmos, exaustos pela longa caminhada, mandavam-nos começar imediatamente, e era um trabalho que superava o limite das minhas forças. Tinha que levar para cima tijolos empilhados numa tábua presa às minhas costas. Nos intervalos, carregava baldes de massa de cimento e barras de ferro. Talvez eu até pudesse dar conta do recado, não fossem os homens da SS — os futuros habitantes daqueles alojamentos, que achavam que estávamos trabalhando muito devagar. Obrigavam-nos a transportar as pilhas de tijolos e as barras de ferro em ritmo acelerado e, quando um de nós parava por um instante, era imediatamente açoitado por chicotes de tiras de couro com bolas de chumbo nas pontas.

Não sei como teria conseguido sobreviver a essa primeira etapa de trabalho físico se não tivesse conseguido ser transferido, pelo mesmo chefe de grupo, para a equipe que atuava na reforma do palacete do comandante da SS na avenida Ujazdowskie. Ali, o serviço era realmente muito mais suportável, pois trabalhávamos junto com mestres de obras alemães e operários qualificados poloneses; os primeiros sob contrato e os segundos sob coerção. Como não éramos um grupo constituído exclusivamente por judeus, não chamávamos muita atenção e tínhamos mais liberdade. Aliás, éramos auxiliados nisso pelos poloneses, que se solidarizavam conosco contra o ocupante alemão. Ajudava-nos ainda o fato de que as obras eram, na realidade, comandadas por um judeu — o engenheiro Blum, auxiliado por um competente quadro de engenheiros também judeus. Os alemães não reconheciam este fato oficialmente, e o responsável teórico das obras — mestre Schultke, um típico sádico alemão — podia bater nos profissionais judeus tantas vezes quantas desejasse. No entanto, sem esses engenheiros judeus, as obras não progrediam. Diante disso, éramos tratados relativamente bem, apesar das surras que, naqueles tempos, não eram nada de extraordinário.

Passei a ser o ajudante do pedreiro Bartczak, um polonês que, no fundo, era uma pessoa muito decente. Claro que, apesar de tudo, existiam situações em que não nos dávamos bem. Havia momentos em que os alemães ficavam em cima de nós e tínhamos que nos esforçar para trabalhar do jeito que eles queriam. Eu fazia tudo com o maior cuidado, mas de que adiantava? Derrubava as escadas, derramava a argamassa, ou então fazia desabar tijolos sobre os andaimes e tudo isso resultava em Bartczak sendo repreendido. Nessas ocasiões, ele ficava furioso comigo. Ficava resmungando, com o rosto enrubescido, esperando que os alemães se afastassem para, afastando o boné para trás e colocando os braços na cintura, olhar com desprezo para a minha inabilidade e começar o seu discurso:

— Como é que você tocava naquela rádio, Szpilman? — espantava-se. — Com um músico destes, que nem sabe recolher a argamassa com uma pá, toda a audiência deveria cair no sono.

Dava de ombros, olhava para mim com desconfiança e, cuspindo com escárnio, exclamava a plena voz:

— Palerma!

No entanto, nunca deixou de me alertar quando se aproximava algum alemão e eu, mergulhado nos meus pensamentos, negligenciava o trabalho.

— Argamassa! — gritava, e eu me atirava sobre o primeiro balde ou espátula que encontrava na minha frente, fingindo que trabalhava intensamente.

A aproximação do inverno me preocupava acima de tudo. Não tinha roupas quentes nem — evidentemente — luvas. Sempre fui muito sensível ao frio e, se as minhas mãos congelassem, poderia esquecer quaisquer planos de uma carreira pianística. Observava, com crescente preocupação, o amarelar das folhas das árvores na avenida Ujazdowskie, enquanto o vento ia ficando mais frio a cada dia.

Os nossos "números de vida" provisórios foram substituídos por outros, sem limite de tempo e, na mesma ocasião, fomos transferidos para outra morada no gueto — na rua Kurza.

Mudamos também de local de trabalho na parte "ariana" da cidade. As obras no palacete da avenida estavam chegando ao fim e demandavam um número cada vez menor de operários. Uma parte do nosso grupo foi transferida para a rua Narbutta, onde estavam sendo construídos os alojamentos para oficiais da SS. Os dias estavam ficando muito mais frios e os meus dedos iam ficando cada vez mais entorpecidos. Não sei como a coisa iria terminar, caso não tivesse sofrido um acidente, uma sorte na desgraça que veio em minha ajuda: escorreguei ao carregar um balde de cal e fraturei o pé. Como fiquei impossibilitado de trabalhar na obra, o engenheiro Blum me transferiu para o depósito. Estávamos no final de novembro, e em mais alguns dias as minhas mãos teriam ficado imprestáveis. Dentro do depósito fazia muito menos frio do que fora.

A cada dia que passava, o nosso grupo ia sendo aumentado pelos trabalhadores transferidos da avenida Ujazdowskie. Também aumentava o número dos homens da SS para nos vigiar. Certa manhã, apareceu na nossa obra o terror dos trabalhadores — um sádico cujo nome não sabíamos e a quem apelidamos Slapt. Ele tinha um prazer quase erótico ao torturar as pessoas de uma forma muito especial: ordenava à vítima que se inclinasse para a frente, prendia a cabeça do infeliz com as coxas e, sibilando por entre os dentes "slapt, slapt!", açoitava suas nádegas com um chicote. E só largava a sua vítima quando ela tinha desfalecido de dor.

E, mais uma vez, começaram a circular no gueto boatos de uma nova deportação. Caso se confirmassem, ficaria claro que os alemães pretendiam nos exterminar a todos. Afinal de contas, haviam sobrado apenas sessenta mil pessoas, e qual poderia ser outro motivo para retirar da cidade este modesto grupo? A ideia de opor resistência aos alemães foi ganhando cada vez mais corpo. A disposição para lutar era mais frequente no meio dos jovens, que começaram a preparar, às escondidas, lugares seguros nos quais poderiam se defender. Os alemães devem ter pressentido o que estava por acontecer, pois cobriram o gueto com cartazes, em que, numa linguagem calorosa, garantiam a todos que nenhuma nova deportação estava sendo cogitada. Os guardas que nos vigiavam na obra faziam questão de nos assegurar que isso era verdade e, no intuito de comprovar as suas afirmativas, permitiram que, agora oficialmente, pudéssemos comprar diariamente 5 quilos de batatas e um pão de fôrma e levá-los da área "ariana" para o gueto. Além disso, os alemães, imbuídos de "bondade", chegaram a permitir que um representante nosso circulasse livremente pela cidade e fizesse as compras para todo o grupo. Escolhemos um jovem corajoso, apelidado Majorzinho. O que os alemães não previram foi que o "Majorzinho" — de acordo com as nossas instruções — tornar-se-ia o elo entre o movimento de resistência do gueto e os movimentos semelhantes fora dos seus muros.

A permissão oficial de trazer para o gueto uma determinada quantidade de comida causou uma agitada atividade comercial em torno do nosso grupo. Todos os dias, ao sair daquele lugar, éramos aguardados por bandos de comerciantes que trocavam comida por roupas usadas com os meus colegas. Pessoalmente, não me interessava tanto pelo comércio quanto pelas notícias que podia obter dos comerciantes. As tropas aliadas tinham desembarcado na África; Stalingrado estava resistindo havia mais de três meses e um novo atentado fora realizado em Varsóvia: alguém tinha jogado umas granadas dentro do Café-Club alemão. Cada uma destas notícias aumentava a nossa coragem, reforçava o nosso desejo de resistir e a nossa crença na derrota da Alemanha. Pouco tempo depois, tiveram início atos de retaliação armada também no gueto, inicialmente dirigidos contra os colaboradores dos alemães. Um dos maiores patifes da polícia judaica — Lejkin —, famoso por levar voluntariamente pessoas para o *Umschlagplatz*, foi assassinado. Em seguida, os "judeus vingadores" mataram um homem chamado First — elemento de ligação entre o Conselho Judaico e a Gestapo. Pela primeira vez, os colaboradores dos alemães no gueto passaram a sentir medo.

Aos poucos, fui recuperando o meu estado de espírito e o meu desejo de sobreviver. Diante disso, pedi ao Majorzinho que, estando na cidade, telefonasse para uns conhecidos: que dessem um jeito de me tirar do gueto e me escondessem. Voltou com uma resposta desalentadora: os conhecidos lhe disseram que não podiam correr o risco de esconder um judeu. A punição era a pena de morte!, explicaram, indignados de alguém sugerir uma coisa dessas. Paciência. Estes se recusaram, talvez outros venham a ser mais generosos. Em todo caso, não devia desanimar.

Era a véspera do ano-novo.

No dia 31 de dezembro de 1942 chegou, inesperadamente, um grande carregamento de carvão. Tivemos que descarregá-lo e transportá-lo para a rua Narbutta naquele mesmo dia. Era um trabalho exaustivo e levou muito tempo. Em vez de iniciarmos o caminho de retorno ao gueto às 18 horas, começamos a voltar já no meio da noite.

Íamos, em fileiras de três, pelo nosso caminho habitual: ruas Polna, Chałubiński e, em seguida, ao longo da rua Żelazna, até os portões do gueto. Já estávamos na Chałubiński quando ouvimos gritos na frente da nossa coluna. Diminuímos o passo e, logo em seguida, vimos do que se tratava: por puro acaso, topamos com dois homens da SS, totalmente embriagados. Um deles era o Slapt. Atiraram-se sobre nós e começaram a nos açoitar com os seus chicotes, que não abandonavam mesmo quando iam para as suas escapadas noturnas e bebedeiras. Faziam isso de forma sistemática, açoitando separadamente cada fileira de três, começando pela que encabeçava a nossa coluna. Tendo terminado essa tarefa, afastaram-se alguns passos na calçada, sacaram os seus revólveres, e Slapt gritou:

— Os intelectuais, um passo à frente!

Era evidente que queriam matar-nos ali mesmo. Eu não conseguia me decidir. Caso não desse um passo à frente, poderiam ficar ainda mais furiosos. Por outro lado, se quisessem, poderiam nos arrancar da coluna eles mesmos e, antes de nos liquidar, massacrar-nos brutalmente como castigo por não termos nos apresentado voluntariamente. O historiador Zajczyk — um professor universitário que estava ao meu lado — tremia como vara verde e, assim como eu, não sabia o que fazer. Resolvemos sair da coluna. Éramos sete. Parei, face a face, diante de Slapt, que olhou para mim e gritou:

— Vou ensinar disciplina a vocês! O que estavam fazendo até esta hora?! — Agitava o revólver diante do meu nariz. — Vocês deviam passar por aqui às 18 horas, e já são 22 horas!

Não respondi, convicto de que, de qualquer modo, seria morto em instantes. Fitou-me com um olhar embaciado, cambaleou até o poste de iluminação e falou, com uma voz inesperadamente calma:

— Vocês sete são pessoalmente responsáveis pela condução da coluna até o gueto. Podem seguir adiante.

Já estávamos nos virando quando ele gritou:

— Voltem aqui!

Agora, era o doutor Zajczyk quem estava na frente dele.

Agarrou-o pelo colarinho, sacudiu-o e rosnou:

— Sabem por que espancamos vocês?

O doutor ficou em silêncio.

— Sabem por quê?

Alguém, lá de trás, certamente apavorado, perguntou timidamente:

— Por quê?

— Para vocês saberem que hoje é dia de ano-novo!

Quando estávamos voltando à coluna, ouvimos uma nova ordem:

— Cantem!

Olhamos para Slapt com espanto. Cambaleou de novo, soltou um arroto e finalizou:

— ... alegremente!

Soltou uma gargalhada, virou-se e começou a se afastar, oscilando para os lados. Parou em seguida e gritou ferozmente:

— Cantem bem alto!!!

Não sei quem foi o primeiro a entoar a melodia e também não sei por que escolheu, especificamente, aquela canção militar. Todos o acompanharam. Afinal de contas, para nós era indiferente o que estávamos cantando.

Somente hoje, quando me lembro daquela cena, me dou conta da sua tragicomicidade. Naquela noite de São Silvestre, no meio da rua de uma cidade onde qualquer demonstração de patriotismo polonês era punida com a morte havia anos, marchávamos — um pequeno grupo de judeus maltrapilhos — cantando impunemente e a plena voz:

"Hej strzelcy wraz!"

12 ~ O Majorzinho

Estávamos no primeiro dia do ano de 1943 — o ano em que Roosevelt havia previsto a derrota dos alemães. E realmente a sorte começou a abandoná-los em todas as frentes de batalha. Como seria bom se uma dessas frentes estivesse próxima de nós! Recebemos a notícia da derrota alemã em Stalingrado, uma derrota por demais fragorosa para ser ignorada ou camuflada pelas tradicionais alegações jornalísticas, dizendo que "este acontecimento não tem qualquer impacto sobre o resultado final da guerra". Dessa vez, a derrota tinha que ser confessada; os alemães decretaram luto oficial de três dias — os primeiros dias alegres que tivemos em meses. Os otimistas esfregavam as mãos de contentamento, convencidos de que a guerra iria terminar em breve. Os pessimistas tinham outra opinião: a guerra iria continuar ainda por muito tempo, mas, pelo menos agora, não havia mais qualquer dúvida quanto ao seu desenlace.

Junto com a chegada de notícias políticas cada vez mais animadoras, crescia o movimento clandestino de resistência no gueto, do qual já fazíamos parte. O Majorzinho foi encarregado de esconder armas no fundo dos sacos de batatas que trazia diariamente para o nosso grupo. Depois, as armas eram retiradas dos sacos, distribuídas entre nós e levadas, dentro das bainhas das nossas calças, para dentro do gueto. Era uma tarefa cheia de riscos, e por pouco não acabou tragicamente para todos nós.

Certo dia, o Majorzinho trouxe os sacos, como de costume, para dentro do meu depósito. Minha tarefa era a de descarregá-los, esconder as armas e distribuí-las entre nós, no fim do dia. Mal ele tinha saído, quando a porta do depósito se abriu e entrou o *Untersturmführer* Young. Olhou em volta, viu os sacos e aproximou-se deles. Fiquei paralisado de medo. Se ele verificasse o seu conteúdo, estaríamos todos perdidos. Eu seria o primeiro a levar um tiro na cabeça. Young parou ao lado de um saco e tentou abri-lo. O nó da corda que o fechava estava muito apertado. Soltou um palavrão e, olhando para mim, ordenou:

— Desamarre!

Aproximei-me, tentando esconder o pânico. Propositalmente devagar e aparentando calma, comecei a desfazer o nó. O alemão ficou a meu lado, com os braços na cintura.

— O que tem aí dentro?

— Batatas. Estamos autorizados a trazê-las diariamente para o gueto.

O saco já estava aberto. Veio a ordem seguinte:

— Mostre!

Enfiei a mão no saco. Não eram batatas. Naquele dia, o Majorzinho havia comprado também cevadinha e feijão, colocando-os por cima das batatas. Mostrei ao *Untersturmführer* um punhado de grãos de feijão.

— Isto são batatas? — Young deu uma risada irônica e ordenou: — Enfie a mão mais fundo!

Desta vez tirei um punhado de cevadinha. Esperava levar uma surra por ter tentado enganar o alemão. Eu até queria que ele me surrasse. Talvez, com isso, ele não se importasse mais com o restante do conteúdo do saco. Mas ele nem tocou em mim. Girou sobre os calcanhares e saiu. Voltou instantes depois, como se quisesse pegar-me em flagrante. Eu continuava parado no mesmo lugar, tentando recuperar o controle. Somente quando os passos de Young se afastaram e silenciaram por completo, é que pude esvaziar rapidamente os sacos e guardar as armas debaixo de um monte de cal, num dos cantos do depósito. Naquela mesma tarde, ao chegarmos ao pé do muro do gueto, jogamos por cima dele o costumeiro carregamento de munição e de granadas. Também desta vez, tivemos sucesso na operação.

No dia 14 de janeiro, uma sexta-feira, os alemães, furiosos com os malogros nas frentes de batalha e com a consequente e visível satisfação da sociedade polonesa, voltaram a realizar as *łapanka* — desta vez simultaneamente em todos os bairros de Varsóvia. Duraram, incessantemente, três dias. Nesses dias, todos víamos, indo para o trabalho ou voltando para o gueto, pessoas sendo agarradas ou perseguidas nas ruas. Intermináveis filas de caminhões da polícia repletos de prisioneiros deslocavam-se em direção às prisões. Voltavam vazios, prontos para transportar novos grupos de vítimas destinadas aos campos de concentração. Um grupo de "arianos" tentou esconder-se no gueto. Foi mais um paradoxo desta ocupação: a braçadeira com a estrela de davi, a mais perigosa das insígnias, havia se tornado de repente, de um dia para outro, um símbolo de proteção e segurança, já que, naqueles dias, os judeus não eram caçados.

No entanto, dois dias depois chegou a nossa vez. Quando fui trabalhar na segunda-feira, encontrei apenas uma parte do nosso grupo de trabalho; os que, claramente, eram imprescindíveis aos alemães. Por ser o responsável pelo depósito, fui incluído nesse grupo de afortunados. Saímos, vigiados por dois gendarmes alemães, em direção aos portões do gueto. Normalmente éramos vigiados apenas pela polícia judaica, mas neste dia defrontamo-nos com um batalhão de gendarmes alemães, que examinava cuidadosamente os documentos de todos os que saíam do gueto. Ao nosso lado vinha um garotinho de uns 10 anos. Estava tão apavorado que se esqueceu de tirar o boné diante de um gendarme que se aproximava. O alemão parou o garoto, sacou o seu revólver, encostou-o na fronte do menino e, sem dizer uma palavra, disparou. O pequeno corpo caiu na calçada, agitou-se convulsivamente e ficou rígido. O gendarme devolveu o revólver ao seu coldre e, calmamente, seguiu seu caminho. Olhei para ele com atenção: o rosto não tinha aparência brutal, nem ele parecia estar zangado ou aborrecido. Tratava-se de um cidadão calmo e normal, que executara uma das suas tarefas diárias e já a tinha esquecido, estando a sua mente ocupada com questões mais importantes.

O nosso grupo já estava do lado "ariano" do muro, quando ouvimos o pipocar de tiros. Eram os judeus remanescentes no gueto que, pela primeira vez, reagiam com armas ao terror alemão.

Caminhamos, arrasados, para o nosso local de trabalho. E agora, o que vai acontecer no gueto? Não havia mais dúvidas de que a etapa final da sua liquidação tinha começado. O jovem Próżański, que caminhava ao meu lado, preocupava-se com os seus pais que haviam ficado em casa. Será que eles conseguirão, no último momento, encontrar um esconderijo e escapar da deportação? Eu, por minha vez, tinha outra preocupação: havia deixado em cima da mesa a caneta-tinteiro e o relógio — as minhas únicas posses. Planejara vendê-los e, se conseguisse fugir, sobreviver alguns dias com o dinheiro arrecadado, até que, com a ajuda de amigos, pudesse me ajeitar.

Não retornamos ao gueto no final do dia. Durante um certo tempo, ficamos aquartelados na obra da rua Narbutta. Somente mais tarde soubemos o que se passara no gueto naqueles dias: as pessoas começaram a defender-se da deportação para a morte de todas as formas possíveis. Escondiam-se em esconderijos previamente preparados, enquanto as mulheres jogavam sobre as escadarias água, que, ao congelar, dificultava a subida dos alemães para os andares mais altos. Em outros prédios, os moradores fizeram barricadas e começaram a atirar nos alemães, preferindo morrer com armas nas mãos a serem exterminados em câmaras de gás. Os doentes do hospital, praticamente nus, foram levados para gélidos vagões e transportados para o campo de concentração de Treblinka. Graças a essa primeira reação armada dos judeus, os alemães só conseguiram deportar cinco mil em cinco dias, em vez dos dez mil que tinham planejado.

No final do quinto dia, Slapt nos informou que a ação da "limpeza dos elementos parasitas" do gueto fora concluída e que podíamos voltar às nossas casas. Estávamos angustiados. A visão das ruas do gueto era aterradora. As calçadas estavam cobertas por cacos das vidraças das janelas. Os bueiros, entupidos pelo enchimento dos travesseiros destroçados. Havia penas por todos os lados. Qualquer lufada de vento as espalhava em volta, como flocos de neve, mas em sentido contrário — da terra para o céu. Cadáveres jaziam por toda parte. O silêncio era tal que o som dos nossos passos ecoava nas paredes dos edifícios como se estivéssemos atravessando um desfiladeiro. O quarto estava vazio, mas não fora saqueado. Tudo estava como os pais de Próżański tinham deixado ao serem deportados: os estrados de madeira jaziam desfeitos e, sobre o fogão, havia um bule de café que eles não chegaram a tomar. Para minha grande surpresa, tanto a caneta-tinteiro quanto o relógio continuavam sobre a mesa.

Agora, eu precisava agir rápida e energicamente. Na próxima deportação, que certamente aconteceria em breve, eu poderia me encontrar entre os deportados. Por intermédio do Majorzinho, consegui entrar em contato com alguns amigos — um casal de jovens artistas. Ele, Andrzej Bogucki, era ator, e ela, uma cantora que se apresentava com o nome de solteira: Janina Godlewska. O Majorzinho me informou, um dia, que eles iriam encontrar-se comigo às 18 horas. Aproveitei o momento em que os trabalhadores "arianos" iam para casa e consegui passar despercebido pelo portão. Ambos me aguardavam. Quase não conversamos. Entreguei a eles as partituras das minhas composições, a caneta e o relógio — tudo que eu queria levar comigo. Combinamos que Bogucki viria me apanhar no sábado, às 17 horas. Estava prevista para aquele horário a inspeção das obras por um general da SS e eu contava com a confusão reinante naquele momento para escapar com mais facilidade.

Enquanto isso, o ambiente no gueto tornava-se cada vez mais tenso, cheio de nervosismo e apreensão. O comandante da polícia judaica — coronel Szeryński — cometeu suicídio. Certamente recebera informações tão graves que até esse homem, ligado aos alemães e muito útil a eles — portanto o último a ser deportado —, não viu outra saída a não ser a morte. Diariamente apareciam judeus desconhecidos que se misturavam ao nosso grupo para — estando fora dos muros do gueto — tentar escapar. Nem todos conseguiam. Os fugitivos eram aguardados pelos "saqueadores" — agentes pagos, ou até voluntários, que nos atacavam nas ruas laterais e nos forçavam a entregar-lhes dinheiro e joias. Quase sempre, após a pilhagem, entregavam a vítima aos alemães.

Naquele sábado eu estava terrivelmente nervoso. Será que vai dar certo? Qualquer passo em falso significaria a morte imediata. O general veio fazer a inspeção na parte da tarde. Os homens da SS, ocupados com a visita, deixaram-nos sem vigilância. Os trabalhadores "arianos" concluíam seu trabalho às cinco. Coloquei o meu casaco e, tirando a braçadeira com a estrela de davi pela primeira vez em cinco anos, juntei-me a eles.

Bogucki me aguardava na esquina da rua Wiśniowa. Tudo estava funcionando conforme planejado. Assim que me viu, começou a andar rapidamente e eu, com a gola do casaco levantada, fui seguindo-o, tentando não o perder de vista. As ruas estavam desertas e bem pouco iluminadas, conforme fora determinado desde o início da guerra. Assim mesmo, eu tinha que tomar muito cuidado para não ser visto por qualquer alemão que pudesse observar o meu rosto iluminado por um dos raros lampiões acesos. Andamos rapidamente pelo trajeto mais curto e, assim mesmo, o caminho me parecia interminável. Finalmente chegamos ao nosso destino — o prédio número 10 da rua Noakowski, onde, num ateliê de pintura localizado no quinto andar, eu iria me esconder. O ateliê havia sido posto à disposição por um dos líderes da resistência — o compositor Piotr Perkowski. Subimos as escadas correndo, de três em três degraus. Janina Godlewska, que nos aguardava no ateliê, suspirou aliviada ao nos ver:

— Finalmente! Ainda bem que vocês chegaram!

Bateu palmas de contentamento e, virando-se para mim, disse:

— Somente quando Andrzej já tinha saído para buscar você, me dei conta de que hoje é dia 13 de fevereiro, e o número 13 dá azar...

13 ~ As brigas por trás das paredes

O ateliê onde me encontrava, e onde deveria ficar por certo tempo, era bastante amplo — uma espécie de sala com o teto inclinado, com dois minúsculos quartos de dormir, sem janelas. O casal Bogucki havia providenciado uma cama de campanha; depois dos anos em que passei dormindo em estrados, ela me pareceu extremamente confortável. Sentia-me feliz pelo simples fato de não ver mais alemães, não ouvir os seus gritos e não ter medo de ser agredido, ou até morto, a qualquer momento. Tentava não pensar naquilo que ainda me aguardava até o final da guerra e se iria sobreviver a ela. A notícia de que o Exército soviético havia retomado Charków, trazida pela senhora Bogucki, deixou-me ainda mais animado. Mas o que vai acontecer comigo? Devia levar em conta que não poderia ficar no ateliê por muito tempo. Perkowski precisava achar em breve um locatário, pois os alemães anunciaram um censo no qual a polícia visitaria todos os apartamentos e verificaria se os seus ocupantes estavam devidamente registrados e se tinham as adequadas autorizações de residência.

Os candidatos à locação vinham visitar o ateliê quase todos os dias, e, nessas ocasiões, tinha que me esconder num dos dormitórios, trancando a porta por dentro.

Duas semanas depois, Bogucki entrou em contato com Rudnicki, ex-diretor da Polskie Radio e meu chefe antes da guerra. Rudnicki veio me visitar na companhia do engenheiro Gębczyński, e ambos decidiram que eu deveria me mudar para o anexo do apartamento do casal Gębczyński, no mesmo prédio. Naquela noite, eu iria tocar o teclado de um piano, pela primeira vez em sete meses. Nesse período, perdi toda a minha família, sobrevivi à liquidação do gueto, desmontei muros e carreguei tijolos e cal. Resisti quanto pude aos apelos da senhora Gębczyński, mas acabei cedendo. Os dedos retesados deslizavam com dificuldade sobre as teclas, e o som produzido era desagradável e difícil de suportar.

Naquela mesma noite, um dos amigos de Gębczyński, normalmente muito bem-informado, telefonou para avisar que haveria uma grande *łapanka* no dia seguinte. Ficamos apavorados, mas, como costumava acontecer com frequência naquele tempo, tratava-se de um alarme falso. No outro dia, fui visitado por um ex-colega da rádio, que mais tarde tornou-se um grande amigo — o maestro Czesław Lewicki. Ele concordou em me alojar no seu apartamento de solteiro, que não estava usando, na rua Puławska.

Saímos do apartamento do casal Gębczyński às 19 horas de 27 de fevereiro, um sábado. Felizmente, as ruas estavam mergulhadas em escuridão. Pegamos um riquixá na praça Unii, chegamos sãos e salvos à rua Puławska e conseguimos subir correndo as escadas, sem sermos vistos, até o quarto andar.

O apartamento era uma confortável *garçonnière*, mobiliado com bom gosto, com um nicho que dava acesso a um minúsculo banheiro. Na parede em frente ao nicho havia um enorme armário embutido e, junto dele, um pequeno fogão a gás. A mobília era constituída por um grande sofá, um armário, uma pequena estante com livros, uma mesinha e cadeiras confortáveis. A pequena biblioteca estava repleta de notas musicais e de partituras, bem como de livros científicos. Senti-me como se estivesse no paraíso. Dormi pouco na primeira noite, pois quis deliciar-me com a sensação de estar deitado sobre um verdadeiro sofá, com molas da melhor qualidade.

Lewicki veio no dia seguinte, trazendo as minhas coisas e acompanhado da senhora Malczewska. Discutimos a forma como eu iria me alimentar e também como deveria me comportar por ocasião do censo a iniciar-se no dia seguinte. Ficou decidido que eu passaria o dia no banheiro, trancado por dentro, tal como já o fizera na alcova do ateliê de pintura. Achávamos que a polícia, mesmo se arrombasse o apartamento por ocasião do censo, não daria atenção à discreta porta atrás da qual eu ficaria escondido. Na pior das hipóteses, iria supor que se tratava da porta de um armário embutido, devidamente trancado.

Segui à risca o nosso plano estratégico. Ainda de madrugada, carregado de livros, dirigi-me para o minúsculo banheiro e fiquei sentado pacientemente no vaso sanitário até o anoitecer, sendo que, a partir do meio-dia, desejava apenas uma coisa: poder esticar as pernas. Todo este esforço revelou-se desnecessário: além de Lewicki, que veio no final da tarde para saber como eu tinha passado o dia, ninguém mais apareceu. Lewicki trouxe vodca, salsicha, pão e manteiga e comemos como reis. O censo havia sido organizado para que os alemães pudessem, de uma só vez, capturar todos os judeus escondidos em Varsóvia. Não sendo apanhado, criei novas esperanças. Lewicki, que morava longe, combinou comigo que me visitaria duas vezes por semana, trazendo comida. Precisei encontrar algo que me preenchesse o tempo entre essas visitas, sempre ansiosamente aguardadas. Dediquei-me à leitura e à preparação da comida, de acordo com as receitas da senhora Malczewska. Tudo tinha que ser feito com o maior cuidado, andando na ponta dos pés e com movimentos medidos, para evitar que esbarrasse em algo. As paredes eram muito finas e qualquer esbarrão desatento poderia denunciar a minha presença aos vizinhos. De fato, eu podia ouvir praticamente tudo que se passava nos apartamentos próximos, principalmente no da esquerda. Os seus habitantes, a julgar por suas vozes, eram um jovem casal cujas conversas vespertinas iniciavam-se com carinhosos "meu gatinho" ou "minha pombinha". Após uns 15 minutos, a harmonia deteriorava-se, as vozes subiam de tom e os epítetos passavam a cobrir toda a gama do mundo animal, iniciando pelos domésticos e terminando nos selvagens. Em seguida, provavelmente, vinha a reconciliação. As vozes silenciavam por um momento e logo eram acrescidas por mais uma — a voz de um piano tocado com sentimento, porém desafinadamente, pela jovem esposa. No entanto, o martelar das teclas durava pouco tempo. O som do piano cessava, e a voz feminina retomava, irritada, a discussão:

— Não vou tocar mais! Toda vez que eu toco, você vira as costas...

E, novamente, surgia a série zoológica.

Ao ouvir essas discussões, fiquei imaginando quanto eu não daria e como seria feliz se pudesse ter um piano, mesmo tão desafinado quanto aquele que, do outro lado da parede, era motivo de tantas brigas.

Os dias foram passando. A senhora Malczewska, revezando-se com Lewicki, visitava-me duas vezes por semana, trazendo comida e informações dos mais recentes acontecimentos políticos. Não eram animadores: o Exército soviético recuara de Charków e as tropas aliadas recuaram na África. Forçado ao ócio, passando a maior parte dos dias em reflexões sobre os sofrimentos pelos quais tinha passado, fui ficando cada vez mais desiludido e triste. Ao olhar pela janela e ver o contínuo movimento das ruas, com os alemães passeando despreocupadamente, comecei a acreditar que o mal iria continuar para sempre. E aí, o que vai acontecer comigo? Após anos de inútil sofrimento, serei descoberto e assassinado. Na melhor das hipóteses, me suicidaria, para não cair nas mãos dos alemães.

O meu estado de espírito começou a melhorar com a bem-sucedida ofensiva aliada na África. Era maio e fazia muito calor. Estava preparando a minha sopa, quando Lewicki, ofegante por subir correndo as escadas, trouxe a grande novidade: a resistência ítalo-alemã na África fora destroçada.

Por que isso não acontecera mais cedo? Se as forças aliadas estivessem derrotando os alemães na Europa e não na África, por certo eu ficaria contente e o levante do pequeno grupo restante dos judeus no gueto de Varsóvia teria alguma chance de sucesso. Junto com as cada vez mais animadoras notícias trazidas por Lewicki, chegavam os terríveis detalhes da luta dos meus coirmãos, esse punhado de judeus que decidira resistir aos alemães para demonstrar o seu protesto contra a barbárie. Tomei conhecimento do levante através dos jornais clandestinos que chegavam às minhas mãos. Soube da resistência, das batalhas travadas em cada casa e cada pedaço de rua, das pesadas perdas dos alemães que, por semanas, mesmo dispondo de artilharia, tanques e aviões, não conseguiam dominar adversários muito mais fracos. Nenhum dos judeus se rendia. Quando os alemães ocupavam um prédio, as mulheres subiam com os seus filhos para o último andar e estatelavam-se, com as crianças, sobre a calçada. Ao anoitecer, eu podia ver da janela, na parte setentrional de Varsóvia, o clarão dos incêndios e as espessas colunas de fumaça cobrindo o céu estrelado.

Certo dia, no início de junho, Lewicki apareceu numa hora não habitual: meio-dia. Desta vez, não trazia boas notícias. Com a barba por fazer, olhos avermelhados por uma noite passada em claro, estava visivelmente preocupado.

— Vista-se — ordenou, sussurrando.

— O que aconteceu?

— A Gestapo lacrou o meu quarto no apartamento do doutor Malczewski e poderá aparecer aqui a qualquer momento. Temos que fugir imediatamente.

Fugir? Em plena luz do dia? Seria o mesmo que cometer suicídio.

Lewicki estava com pressa.

— Vamos! Apresse-se! — insistia, enquanto eu, em vez de empacotar as minhas coisas, fiquei parado, imóvel. Resolveu animar-me.

— Você não precisa ficar com medo — começou a explicar nervosamente —, tudo já foi previsto; você está sendo aguardado por uma pessoa que o levará para um lugar seguro.

Mesmo assim, eu não tinha a mínima intenção de sair dali. Fosse tudo pela graça de Deus! Lewicki conseguirá escapar e não será achado pela Gestapo. Da minha parte, preferia acabar com a minha vida por mim mesmo a arriscar uma nova peregrinação — simplesmente não tinha mais forças. Consegui, por um milagre, convencê-lo disso. Abraçamo-nos em despedida, certos de que nunca mais nos veríamos, e Lewicki partiu.

Comecei a caminhar em círculos pelo quarto que, até aquele momento, me parecera o lugar mais seguro do mundo e que, agora, tinha para mim a aparência de uma jaula. Estava preso nele como um animal, e era apenas uma questão de tempo para a chegada dos açougueiros que me liquidariam — satisfeitos com o resultado da caçada. Eu, que nunca havia fumado na minha vida, fumei naquele dia uma centena de cigarros deixados por Lewicki. Sabia que a Gestapo costumava vir ao anoitecer ou nas primeiras horas da madrugada. Não me despi, nem acendi a luz; fiquei com os olhos fixos nas grades do balcão e os ouvidos atentos para qualquer ruído proveniente da rua ou das escadas. As últimas palavras de Lewicki ressoavam incessantemente nos meus ouvidos. Ele já estava com a mão na maçaneta da porta quando se voltou e veio na minha direção; abraçou-me mais uma vez e disse:

— Se eles vierem e arrombarem a porta do apartamento, salte pela janela. Não se deixe agarrar vivo!

E, para tornar a minha decisão mais fácil, acrescentou:

— Eu ando sempre com um frasco de veneno. Não me pegarão com vida.

Escurecia. O movimento na rua tinha cessado por completo, e as janelas do prédio em frente foram se apagando, uma a uma. Os alemães não apareciam. Eu estava com os nervos em frangalhos. Se tivessem que vir, que viessem o mais rápido possível. Não queria ficar esperando pela morte por tanto tempo. Depois, mudei os meus planos de como deveria suicidar-me. Em vez de pular da janela, poderia me enforcar. Esta forma de morrer me pareceu, não sei por quê, mais fácil e mais rápida. Sem acender a luz, procurei e achei uma corda escondida atrás da estante dos livros. Tirei um quadro da parede; verifiquei se o gancho aguentaria o meu peso; preparei o nó da corda e fiquei esperando. A Gestapo não veio.

Não veio naquela noite, nem de madrugada, nem nos dias seguintes. Somente na manhã de sexta-feira, quando eu estava vestido, deitado no sofá, ouvi o som de disparos vindo da rua. Corri para a janela. A rua e as calçadas estavam repletas de gendarmes que atiravam caoticamente nas pessoas em fuga. Logo em seguida surgiram caminhões com tropas da SS, e uma parte da rua, que incluía o meu prédio, foi cercada. A Gestapo entrava nos prédios, um a um, e saía momentos depois conduzindo homens sob a mira de armas. Entraram também no prédio onde eu me encontrava.

Agora, não havia mais dúvida alguma de que seria descoberto. Puxei a cadeira para junto do gancho na parede, preparei a corda e colei o ouvido na porta. Ouvi berros em alemão provenientes dos andares inferiores. Meia hora depois, o silêncio voltou a reinar. Olhei pela janela: o cerco fora desfeito e os caminhões da SS haviam partido.

Eles não vieram. Após este período de medo, chegou um novo castigo: o período da fome, uma inanição que ainda não havia sentido, nem mesmo na época mais severa da falta de comida no gueto.

14 ~ A traição de Szałas

Passou-se uma semana desde a fuga do Lewicki e a Gestapo não apareceu. Aos poucos comecei a me acalmar. No entanto, surgiu uma nova ameaça: minhas reservas de comida estavam se esgotando. Tinha apenas um punhado de feijão e outro de cevadinha. Limitei as refeições a duas por dia. Preparava a sopa com uma colher de cevadinha e dez grãos de feijão, mas, apesar desse racionamento, as reservas não durariam senão alguns dias. Certa manhã, um veículo militar alemão parou na frente do prédio em que me encontrava e dois soldados da SS entraram com um pedaço de papel nas mãos. Eu estava convencido de que tinham vindo me buscar e me preparei para a morte. Mais uma vez, porém, não se tratava de mim.

A comida terminou. Estava sem comer há dois dias. Sobraram duas possibilidades: morrer de fome ou arriscar e comprar um pão na loja mais próxima. Optei pela segunda. Fiz a barba com todo o cuidado, me vesti e, às 8 horas, esforçando-me para aparentar calma, saí de casa. Apesar das minhas feições evidentemente "não arianas", ninguém prestou atenção em mim. Comprei o pão e voltei para casa. Fiz isso no dia 18 de julho de 1943. Esse pão foi o meu único alimento até 28 de julho, ou seja, durou dez dias.

Na manhã do dia 29, ouvi batidas discretas na porta. Não reagi. Alguns momentos depois, alguém enfiou cuidadosamente uma chave na fechadura. Um jovem, totalmente desconhecido, entrou no apartamento. Fechou a porta rapidamente e perguntou, sussurrando:

— Aconteceu algo de suspeito?

— Não.

Somente então o jovem resolveu olhar para mim e o seu olhar denotava espanto:

— O senhor ainda está vivo?

Dei de ombros. Não devia parecer um morto, portanto não havia qualquer sentido em responder àquela pergunta. Um sorriso iluminou seu rosto e, finalmente, decidiu esclarecer quem era — o irmão de Lewicki. Veio para me informar que no dia seguinte chegariam suprimentos de comida e que alguns dias depois eu seria transferido para outro esconderijo, pois a Gestapo continuava procurando Lewicki e poderia aparecer por aqui.

A informação estava correta. No dia seguinte veio o engenheiro Gębczyński acompanhado de um homem a quem apresentou como sendo um técnico de rádio, de nome Szałas — um confiável membro da Resistência. Gębczyński abraçou-me comovido; estava certo de que eu morrera de inanição. Contou-me que todos os nossos amigos estavam preocupados comigo, mas não podiam aproximar-se do prédio, que estava sendo vigiado atentamente pela Gestapo. Como a vigilância fora relaxada, haviam decidido ocupar-se com o meu corpo e enterrá-lo de uma forma digna. A partir de agora, o senhor Szałas cuidaria de mim.

No entanto, Szałas revelou-se um estranho protetor: me visitava a cada dez dias, trazendo um pouco de comida e explicando que não tinha dinheiro suficiente para comprar mais. Por isso, fui lhe dando o restante das minhas coisas, para que as vendesse, mas quase sempre ele era assaltado e trazia comida que dava para alimentar-me não mais do que dois dias.

Aparecia sempre quando eu estava no limite das minhas forças, convicto de que iria morrer de fome. Trazia algo para comer, mas em quantidade suficiente apenas para que eu não morresse e tivesse forças para sofrer mais. Estava sempre sorridente, com um ar distraído e sempre fazia a mesma pergunta:

— E aí, você ainda está vivo?

Ainda *estava* vivo, apesar da desnutrição e da amargura que se apossara de mim. Szałas não pareceu preocupado com isso. Contou-me uma história do seu avô, segundo ele muito engraçada, cuja namorada o abandonou ao tomar conhecimento de que ele estava com hepatite. Na opinião de Szałas, hepatite era algo insignificante, eu não devia me preocupar. Para me alegrar trouxe a informação de que os aliados haviam desembarcado na Sicília, despediu-se e desapareceu. Foi a última vez que nos vimos, e transcorreram dez dias, doze, duas semanas...

Eu não tinha mais nada para comer. Faltavam-me forças até para me levantar e alcançar a torneira de água. Se a Gestapo viesse agora, eu nem teria capacidade para enforcar-me. Passava a maior parte dos dias deitado em um estado de letargia e quando acordava era para sentir dores terríveis. Meu rosto, pés e mãos começaram a inchar quando, inesperadamente, apareceu a doutora Malczewska que, junto com o marido e Lewicki, tivera que fugir e esconder-se fora de Varsóvia. Estava convencida de que eu passava bem, e queria apenas fazer uma visita de cortesia, bater um papo e tomar um chá. Contou-me que Szałas coletava dinheiro para meu sustento por toda a Varsóvia, e, como as pessoas não poupavam esforços para ajudar os que estavam em desgraça, conseguia angariar quantias consideráveis. Dizia aos meus amigos que me visitava diariamente e que nada me faltava.

A doutora teve que sair de Varsóvia em poucos dias, mas me abasteceu de provisões de comida que, infelizmente, não duraram muito.

No dia 12 de agosto, em torno do meio-dia, quando estava preparando a minha sopa habitual, alguém começou a golpear com força a porta do meu quarto. Não eram as batidas discretas que anunciavam a visita de um amigo. Somente poderiam ser os alemães. No entanto, as vozes que acompanhavam as pancadas na porta eram de mulheres. Uma delas gritou:

— Abram imediatamente, ou chamaremos a polícia!

As pancadas eram cada vez mais fortes. Não havia mais dúvida de que o meu esconderijo fora descoberto e que os moradores do prédio, receando a pena pela ocultação de judeus, tinham decidido me entregar.

Vesti-me rapidamente e pus as minhas composições e alguns objetos pessoais numa maleta. As batidas na porta cessaram por um momento. Certamente, as mulheres haviam decidido cumprir a ameaça e já estavam a caminho da delegacia mais próxima. Abri silenciosamente a porta, mas dei de cara com uma delas, deixada para trás pelas outras para que eu não pudesse fugir. Bloqueou a minha passagem:

— O senhor é o inquilino deste apartamento? — Apontou para a porta. — O senhor não está registrado.

Respondi que viera visitar um amigo no apartamento ao lado, mas ele não estava. Tratava-se de uma desculpa por demais esfarrapada para ser aceita.

— Por favor, identifique-se! Mostre seus documentos! — ela gritava cada vez mais alto.

Os demais moradores, intrigados pelo barulho, começaram a abrir as portas dos seus apartamentos e sair para a escadaria. Empurrei a mulher para um lado e desci correndo as escadas, ouvindo os seus gritos atrás de mim:

— Fechem o portão! Não o deixem escapar!

Passei correndo pela zeladora do prédio que, felizmente, não havia entendido os gritos vindos de cima. Alcancei o portão e ganhei a rua.

Consegui escapar da morte, mas um novo perigo ficara à minha espreita: estava em plena luz do dia, com a barba por fazer, os cabelos não cortados há meses, e vestido em um terno sujo e amassado. Só isso bastaria para chamar a atenção daquela gente, sem mencionar os traços judaicos do meu rosto. Dobrei a primeira esquina e corri para a frente. Que atitude tomar? Os únicos conhecidos que moravam por perto eram o casal Boldok, na rua Narbutta. Decidi ir para lá. Estava tão nervoso que me perdi naquelas ruas, embora conhecesse muito bem aquele bairro da cidade. Levei cerca de uma hora até chegar ao destino. Hesitei muito tempo antes de tocar a campainha da porta por trás da qual esperava encontrar um abrigo. Sabia o risco a que exporia aquelas pessoas com a minha presença. Se fosse encontrado na casa, elas seriam fuziladas junto comigo. No entanto, não tinha escolha. Assim que a porta foi aberta, expliquei de imediato que viera apenas por um instante, para usar o telefone e descobrir onde poderia encontrar um novo esconderijo. Os telefonemas foram infrutíferos. Certos amigos não podiam me receber e outros nem podiam sair de casa, pois naquele dia a Resistência havia realizado com sucesso um assalto a um dos maiores bancos de Varsóvia e toda a região estava cercada pela polícia. Diante disso, o casal Boldok decidiu que eu passaria a noite no apartamento abaixo do deles, cujas chaves tinham em seu poder. No dia seguinte, um colega da rádio — Zbigniew Jaworski — veio me buscar para esconder-me, por alguns dias, em sua casa.

E assim, fui salvo mais uma vez. Estava no meio de pessoas agradáveis e que me queriam bem. Tomei um banho e comemos um delicioso jantar regado a vodca, o que, infelizmente, afetou o meu fígado. Apesar da companhia agradável e, principalmente, da possibilidade de conversar à vontade após meses de silêncio forçado, não quis abusar da hospitalidade dos anfitriões, pois a minha presença colocava as suas vidas em perigo. A senhora Zofia Jaworska e a sua corajosa mãe, senhora Bobrownicka, de 70 anos, tentaram sinceramente me convencer a ficar com eles pelo tempo que fosse necessário.

Todas as tentativas de encontrar um outro esconderijo foram inúteis; ninguém queria esconder um judeu, pois o castigo por esse delito era um só: a morte. Já estava em profundo estado de depressão quando, no último momento, a sorte trouxe minha salvação na pessoa da senhora Helena Lewicka, cunhada da senhora Zofia Jaworska. Ela nunca me tinha visto antes, mas agora, ao me ver pela primeira vez e tendo sabido de tudo que eu passara, ofereceu-se de imediato para me esconder na sua casa. Chorou copiosamente ao ouvir os meus relatos, embora a sua vida também não fosse fácil e, certamente, não lhe faltassem motivos para chorar pelo destino de amigos e familiares.

No dia 21 de agosto, tendo passado a última noite insone e apavorado na casa do casal Jaworski, pois a Gestapo vasculhava as casas nas redondezas, mudei-me para um grande prédio na avenida Niepodległości. Seria o meu último esconderijo até o Levante de Varsóvia. Um espaçoso aposento no quarto andar, uma *garçonnière* com entrada privativa diretamente da escadaria. Tinha gás e energia elétrica, porém faltava água. Para obtê-la, tinha que sair para o corredor, onde havia uma torneira dentro do banheiro comum. Os meus vizinhos eram pessoas inteligentes, mais educadas que as da rua Puławska. Aqueles brigavam o tempo todo, martelavam em pianos desafinados e queriam me denunciar aos alemães. O apartamento ao lado pertencia a um casal envolvido no movimento da Resistência, procurado pela Gestapo e que, por causa disso, nunca dormia em casa. Não era, portanto, um lugar muito seguro, mas eu preferia isso à vizinhança de pessoas assustadas que poderiam me denunciar por medo. Os prédios em volta eram ocupados, na sua maioria, por diversos departamentos militares alemães. Na frente da minha janela havia um enorme edifício inacabado, originalmente previsto para ser um hospital e que fora aproveitado para servir como um grande depósito. Todos os dias, centenas de prisioneiros russos carregavam grandes caixotes, ora para dentro, ora para fora do armazém. Desta vez, eu estava no cerne de uma das regiões mais alemãs de Varsóvia, na própria toca do leão. Talvez fosse melhor e mais seguro.

Estaria confortável naquele esconderijo se não fosse a condição da minha saúde. O fígado doía cada vez mais. No início de dezembro, sofri um ataque de dor tão forte que tive de fazer um esforço imenso para não gritar. Durou a noite toda. A senhora Lewicka chamou um médico, que constatou uma forte infecção da vesícula e ordenou uma dieta rigorosa. Felizmente, eu não estava mais à mercê de Szałas, mas sob os cuidados de dona Helena, a mais dedicada de todas as mulheres. Graças a ela, fui aos poucos recuperando a saúde.

Estávamos em 1944. Eu fazia de tudo para levar uma vida "normal". Das 9 às 11 horas, estudava inglês; depois lia até as 13 horas, preparava o almoço e, das 15 às 19 horas, voltava a ocupar-me com o inglês e a leitura.

Entrementes, os alemães sofriam fragorosas derrotas — uma atrás de outra. Nem pensavam em quaisquer contraofensivas. Recuavam em todas as frentes, "conforme planejado", explicando nos jornais que, ao recuar de terrenos sem qualquer valor militar, estavam diminuindo a extensão das frentes de batalha. No entanto, quanto mais recuavam, mais desencadeavam o terror interno nos países ocupados. Os fuzilamentos públicos, iniciados em Varsóvia no outono do ano anterior, passaram a ser diários. Os alemães, sistemáticos como sempre, tendo "limpado" o gueto de pessoas, resolveram limpá-lo também dos seus muros. Explodiam os prédios, um por um, rua após rua, e retiravam os escombros por trens para fora da cidade. Traumatizados pela resistência dos judeus, os "donos do mundo" decidiram não deixar pedra sobre pedra no gueto.

No início do ano, a monotonia dos meus dias foi interrompida por um incidente que jamais poderia esperar. Num certo dia, alguém tentou entrar no meu quarto — lenta e silenciosamente. No início, eu não tinha a mínima ideia de quem poderia ser o intruso. Somente depois de muita reflexão supus que fosse um ladrão! Tínhamos um problema: aos olhos da lei, tanto eu quanto ele éramos criminosos; eu, pelo fato biológico de ser judeu; e ele, por ser ladrão. Quando ele entrar, deverei ameaçá-lo de chamar a polícia? Ou, o que seria mais provável, ele me ameaçará com isso? Talvez devêssemos nos escoltar mutuamente à delegacia mais próxima? Ou talvez devêssemos firmar um pacto de não agressão entre criminosos? Felizmente, assustado pelo movimento nas escadarias, o ladrão desistiu do seu intento.

No dia 6 de junho de 1944, apareceu dona Helena, que, com o rosto resplandecente, trouxe a notícia do desembarque dos americanos e ingleses na Normandia; haviam rompido as defesas alemãs e estavam avançando. Novas notícias vieram em seguida: a libertação da França, a rendição da Itália, a chegada do Exército Vermelho às fronteiras da Polônia e a liberação de Lublin.

A força aérea russa intensificou os bombardeios sobre Varsóvia. Podia-se ver o brilho das explosões da minha janela. Um murmúrio provinha do leste. Muito leve no início, foi aumentando de intensidade: era a artilharia russa. Os alemães iniciaram a evacuação de Varsóvia, inclusive a do hospital inacabado diante da minha janela. Olhava para isso com esperança e com a crescente certeza de que sobreviveria! Seria livre!

No dia 29 de julho, recebi uma notícia trazida pela senhora Lewicka: o Levante de Varsóvia deveria ocorrer a qualquer momento! Os guerrilheiros estavam comprando apressadamente armas dos desmoralizados alemães em retirada.

O meu inesquecível anfitrião da rua Fałata, Zbigniew Jaworski, foi encarregado de comprar algumas metralhadoras. Infelizmente, negociou com pessoas piores que os alemães — com ucranianos. Sob o pretexto de entregar as armas por ele adquiridas, levaram-no para o pátio da Faculdade de Agronomia e fuzilaram-no sumariamente.

No dia 1º de agosto, dona Helena veio às 16 horas a fim de me levar para o porão. O levante deveria iniciar-se em uma hora! Seguindo o instinto que já tinha me salvado diversas vezes, decidi ficar no quarto. Minha protetora despediu-se de mim, como de um filho. Com os olhos cheios de lágrimas e voz embargada, perguntou:

— Władek, será que ainda nos veremos um dia?

15 ~ No prédio em chamas

Tive dificuldade em acreditar que o levante começaria às 17 horas — portanto dentro de poucos minutos —, embora dona Helena me garantisse isso. Os boatos sobre iminentes acontecimentos políticos — que depois não se concretizavam — eram frequentes durante todo o período da ocupação. A evacuação de Varsóvia pelos alemães, que pude observar pela janela, bem como a fuga desesperada de caminhões e carros particulares carregados até as bordas haviam cessado por completo. Também o ribombar da artilharia russa, tão audível há apenas algumas noites, foi ficando cada vez mais fraco e mais distante.

Aproximei-me da janela: a rua estava calma, o movimento dos pedestres talvez um pouco menos intenso, mas esta parte da avenida Niepodległości nunca fora muito movimentada. Um bonde aproximou-se vindo da Politécnica e parou no ponto. Estava quase vazio. Desceram várias pessoas: algumas mulheres e um senhor idoso portando uma bengala. Desceram ainda três jovens carregando uns objetos longos, embrulhados em jornais. Pararam em frente ao primeiro vagão do bonde. Um deles olhou para o relógio, sondou o ambiente, ajoelhou-se repentinamente no asfalto, ergueu o pacote até o ombro e ouviu-se uma saraivada de tiros. O papel na ponta do pacote pegou fogo, revelando o cano de uma metralhadora. Ao mesmo tempo, os seus dois companheiros desembrulharam as suas armas.

Os tiros do jovem devem ter sido uma espécie de sinal para a vizinhança: em poucos minutos, pipocaram tiros por toda parte e, quando os mais próximos silenciavam, podia ouvir-se o tiroteio que ocorria no centro da cidade: incontáveis e densas saraivadas que, ao se juntarem, pareciam o borbulhar de água fervendo dentro de um caldeirão tampado. A rua ficou deserta, exceto pelo senhor com a bengala que correu arfando e conseguiu refugiar-se num dos portões.

Fui até a porta e colei o meu ouvido na madeira. No corredor e na escadaria reinava a balbúrdia. As portas dos apartamentos ora eram abertas, ora eram fechadas com estrondo. Ouvia as pessoas correndo desordenadamente. Uma mulher exclamava: "Jesus, Maria!" Uma outra gritava do alto das escadas: "Jerzy, tome cuidado!" Do térreo vinha a resposta: "Está bem! Está bem!" As mulheres choravam compulsivamente. Uma voz grave, masculina, tentava acalmá-las: "Agora não vai demorar muito. Estávamos todos aguardando por isto..."

A informação de dona Helena fora correta. O levante começara.

Sentei no sofá a fim de analisar a situação e decidir o que fazer.

Ao sair, dona Helena, como sempre, havia me trancado por fora com chave e cadeado. Fui até a janela. Os portões dos prédios estavam cheios de soldados alemães e novas tropas vinham do campo Mokotowskie. Todos portavam metralhadoras, usavam capacetes de aço e traziam granadas enfiadas nos cintos. Não havia combates na nossa parte da rua. Se os alemães atiravam de vez em quando, era na direção das pessoas que estavam nas janelas. O fogo não era respondido. O tiroteio verdadeiro ocorria depois da rua 6 de Agosto, na direção da Politécnica e dos Filtros, a distribuidora de água da cidade. Pensei em sair e ir até lá, mas estava desarmado e preso. Acredito que os vizinhos, ocupados com o que se passava à sua volta, não atenderiam às batidas na minha porta. Além disso, teria que lhes pedir que avisassem a amiga da dona Helena — a única pessoa no prédio que sabia da minha existência e que tinha as chaves para me libertar em caso de necessidade. Resolvi esperar até o dia seguinte e, somente então, decidir o que fazer.

O tiroteio aumentou de intensidade. Além dos tiros de fuzis e metralhadoras, ouviam-se também explosões de granadas e até de projéteis da artilharia, certamente envolvida no combate. À noite, após o pôr do sol, viam-se os clarões dos primeiros incêndios. À medida que ia escurecendo, diminuía o tiroteio. Agora, eram ouvidas explosões ocasionais e rajadas curtas de metralhadoras. Nas escadarias reinava um silêncio absoluto: os moradores se trancaram nos seus apartamentos para poder absorver as impressões do primeiro dia do levante. Caí num sono profundo, cansado pela tensão nervosa, sem ter tido tempo de tirar a roupa.

Acordei repentinamente. Era muito cedo — mal clareava o dia. O primeiro som que ouvi foi o de um fiacre. Olhei pela janela: estava com a capota levantada e deslocava-se lentamente, como se nada de extraordinário estivesse acontecendo. Além do fiacre, a rua estava deserta. Apenas um homem e uma mulher na calçada, com as mãos levantadas sobre as cabeças. Da janela, não dava para ver os alemães que os escoltavam. De repente, ambos começaram a correr. A mulher gritou: "Para a esquerda, para a esquerda!" O homem obedeceu e saiu do meu campo de visão. No mesmo instante, ouvi disparos; a mulher parou, agarrou o ventre e, num movimento suave, caiu de joelhos na calçada. Na verdade, não caiu, mas se agachou, apoiando o lado direito da face no asfalto e então ficou petrificada, nessa posição estranha.

O tiroteio aumentava à medida que o dia ia passando. Quando o sol apareceu no céu excepcionalmente claro, toda a Varsóvia ecoava tiros de fuzis misturados a explosões de granadas, morteiros e artilharia pesada.

Em torno do meio-dia, apareceu a amiga de dona Helena. Trouxe um pouco de comida e muitas novidades. Com relação à parte de Varsóvia onde estávamos, as notícias não eram das melhores: desde o início, encontrava-se sob total controle dos alemães e a Resistência mal teve tempo para que os jovens combatentes pudessem chegar ao centro da cidade. Agora, não havia a menor possibilidade de sair de casa. Devíamos aguardar até que os destacamentos do centro pudessem romper o cerco.

— Será que eu não conseguiria passar de algum jeito? — perguntei.

Ela olhou para mim com piedade.

— O senhor não saiu deste esconderijo por mais de um ano e meio! As suas pernas vão começar a lhe desobedecer na metade do caminho.

Abanou a cabeça, segurou a minha mão e disse:

— Fique aqui. Será melhor. Vamos aguardar.

Estava otimista. Levou-me até a janela das escadarias, de onde se tinha uma visão oposta à da minha janela. Todo o bairro residencial, desde Staszic até Filtros, estava em chamas. Podíamos ouvir o espocar dos caibros, o ruído dos pisos desabando, gritos e tiros. O céu estava coberto por uma espessa nuvem marrom-escura. Quando o vento a dissipava por um instante, via-se claramente a bandeira vermelha e branca tremulando.

Os dias foram se passando, e a ajuda dos destacamentos do centro não vinha. Acostumado a viver durante anos escondido de todos, exceto de um grupo de amigos, não consegui me forçar a abandonar o meu refúgio, revelar-me perante os vizinhos e conviver com eles neste prédio desligado do restante do mundo. A minha presença não iria melhorar o seu estado de espírito. Se os alemães descobrissem que havia um "não ariano" naquele prédio, todos seriam castigados severamente. Além disso, não podia ajudá-los em nada. Resolvi me limitar a ouvir as conversas travadas do outro lado da porta. O que ouvia não gerava otimismo: a luta no centro da cidade continuava, não havia notícias de reforços provenientes de fora da cidade e o terror alemão aumentava a cada dia no nosso bairro. Num dos prédios da rua Langiewicz, os ucranianos haviam queimado vivos todos os moradores; em outro, fuzilaram-nos; e, bem ao lado do nosso prédio, tinham matado o famoso ator Mariusz Maszyński. A vizinha de baixo deixou de me visitar; certamente tinha as suas próprias preocupações. As reservas de comida estavam acabando; restavam apenas algumas torradas.

No dia 11 de agosto, o nervosismo e o medo aumentaram consideravelmente no prédio. Escondido atrás da porta, eu não tinha a mínima ideia do que se tratava. Todos os moradores se reuniram nos andares de baixo e deliberavam algo em voz surda. Pela janela, via pequenos grupos de pessoas saindo sorrateiramente dos prédios vizinhos, parando por instantes no nosso e seguindo adiante. Ao anoitecer, os moradores dos andares inferiores subiram as escadas e uma parte deles acomodou-se no meu andar. Descobri pelos seus sussurros que tropas ucranianas haviam entrado no prédio. No entanto, desta vez, não vieram para assassinar todo mundo. Invadiram os porões, roubaram as reservas de comida ali armazenadas e foram embora. Naquele dia, as ruas tinham sido cobertas por folhetos jogados pelos aviões. Aviões de que origem?

À noite, ouvi um barulho na minha porta: alguém tirou o cadeado e desceu correndo as escadas. O que isso deveria significar?

Um novo surto de pânico ocorreu em 12 de agosto. Os moradores corriam apavorados pelas escadas acima e abaixo. Pelos fragmentos de conversas ouvidos através da porta pude deduzir que o prédio fora cercado pelos alemães e deveria ser evacuado, pois ia ser destruído por fogo de artilharia. Minha primeira reação foi a de me vestir, mas me dei conta de que não poderia sair à rua, pois seria pego e fuzilado sumariamente pelos homens da SS. Assim sendo, resolvi permanecer escondido. Ouvi sons de tiros e uma voz que gritava:

— Todos têm que sair! Favor evacuar o prédio imediatamente!

Entreabri a porta e olhei para a escadaria: estava vazia e silenciosa. Desci alguns degraus, olhei pela janela para a rua Sędziowska e vi um tanque com o cano do canhão apontado para o nosso prédio, na altura do andar em que eu me escondia. Vi uma chama, o cano recuou e ouvi o estrondo da parede desmoronando ao meu lado. Soldados com mangas arregaçadas e carregando latas corriam em volta do tanque. Uma nuvem de fumaça negra começou a subir pelas paredes externas e pelas escadas. Alguns soldados da SS entraram no prédio e subiram correndo a escadaria. Tranquei-me no quarto, despejei na mão o conteúdo do frasco com as fortes pílulas para dormir que havia usado por ocasião das crises de fígado e coloquei o frasco de ópio ao alcance da mão. Pretendia engolir as pílulas e ingerir o ópio assim que os alemães começassem a bater na porta. No entanto, movido por um instinto difícil de explicar, mudei de ideia. Saí sorrateiramente do quarto, corri até a escada que levava ao sótão, enfiei-me por baixo do telhado, puxei a escada para cima e fechei o alçapão. Enquanto isso, os alemães já estavam arrombando a coronhadas as portas dos apartamentos do terceiro andar. Um deles subiu mais um andar e entrou no quarto em que eu estivera. Seus colegas acharam que já não era seguro permanecer no prédio e o chamaram:

— *Schneller,* Fischke! Mais rápido!

Assim que cessaram os seus passos desci do sótão, onde estava ficando sufocado pela fumaça vinda dos apartamentos dos andares inferiores, e voltei para o meu aposento. Supunha que o incêndio fora provocado apenas para dar um susto nos moradores e que ficaria restrito ao andar térreo e que os moradores — tendo mostrado os seus documentos — retornariam aos seus lares. Peguei um livro qualquer, na vã tentativa de me distrair. Coloquei-o de lado, fechei os olhos e fiquei esperando sem abri-los, até ouvir vozes humanas.

Somente ao escurecer tomei coragem para sair até o corredor. O meu quarto estava se enchendo de monóxido de carbono e de fumaça avermelhada pelo brilho das chamas visíveis da janela. A fumaça tomou conta da escadaria, a ponto de não se poder enxergar mais nada, nem mesmo o corrimão. Dos andares inferiores provinham sons do incêndio: o pipocar de madeira e o desabar de paredes. Não havia qualquer possibilidade de descer pelas escadas.

Cheguei até a janela. O prédio estava cercado pelas tropas da SS. Não se via qualquer civil por perto. Todo o prédio ardia em chamas e os alemães aguardavam apenas que as labaredas atingissem os andares superiores.

Então, seria assim a minha morte? A morte que eu aguardara por cinco anos, da qual escapara dia após dia e que, agora, finalmente tinha me alcançado. Já a tinha imaginado por diversas vezes. Esperava ser preso e torturado pelos alemães e depois fuzilado ou sufocado numa câmara de gás. Entretanto, nunca pensei que seria queimado vivo.

Achei graça da criatividade do destino. Estava totalmente calmo, convencido de que não havia mais nada capaz de modificar o desenrolar dos acontecimentos. Olhei em volta: o aposento estava praticamente invisível, mergulhado na escuridão e envolto em fumaça. A respiração tornava-se cada vez mais difícil, eu sentia um zumbido na cabeça e estava prestes a desmaiar. Eram os primeiros sinais de intoxicação pelo monóxido de carbono.

Deitei-me no sofá. Não fazia o menor sentido morrer queimado, já que podia evitar este suplício ingerindo as pílulas de dormir. De qualquer modo, a minha morte seria muito mais suave que a dos meus pais e dos meus irmãos, assassinados em Treblinka. Nesses últimos momentos, pensava exclusivamente neles.

Apanhei o frasco com as pílulas, levei-o até os lábios e as engoli todas, de uma vez só. Quis ainda pegar o frasco com o ópio, mas não tive tempo. As pílulas, ingeridas com o estômago vazio, tiveram efeito imediato.

Adormeci.

16 ~ A morte de uma cidade

Não morri. Aparentemente, as pílulas eram velhas demais ou, talvez, não suficientemente fortes. Acordei de manhã. Sentia náuseas, zumbidos na cabeça e latejos nas têmporas. Os olhos pareciam querer saltar das órbitas, enquanto os braços e as pernas pareciam estar paralisados. Uma mosca, certamente aturdida pelos acontecimentos da noite, fazia cócegas no meu pescoço. Tive que fazer um violento esforço para espantá-la.

A minha primeira sensação não foi o desapontamento por não ter morrido, mas a alegria de estar vivo. Senti um animal e irresistível desejo de viver, a qualquer preço. Agora, que sobrevivera a uma noite num prédio em chamas, tinha que encontrar um meio de salvar-me.

Fiquei deitado ainda por um longo tempo até adquirir forças suficientes para escorregar do sofá para o chão e arrastar-me até a porta. O quarto continuava envolto em fumaça e a maçaneta estava tão quente, que tive de largá-la para tentar de novo e, superando a dor, consegui puxá-la e abrir a porta. Nas escadas, a fumaça era menos intensa que no quarto, pois podia escapar pelos vãos das janelas localizadas no alto da escadaria. Os degraus estavam intactos, e decidi arriscar-me a descer por eles. Muni-me do máximo de forças, agarrei o corrimão e comecei a descer. O andar inferior fora totalmente consumido pelo fogo — o incêndio havia-se exaurido. Os marcos das portas ainda ardiam, e podiam-se sentir as vibrações do ar aquecido pelo fogo vindas do interior dos apartamentos. O chão estava coberto por restos de móveis e objetos ainda em brasa que iam se transformando em cinzas brancas.

No primeiro andar jazia o corpo de um homem, totalmente queimado e terrivelmente inchado. Impedia a minha passagem. Tive que dar um jeito de superar o obstáculo para continuar a descer. Achei que bastava levantar as pernas e passar por cima do corpo. No entanto, mal podia movê-las e, na primeira tentativa, esbarrei na sua barriga, perdi o equilíbrio, caí sobre o cadáver e rolei, com ele, escadas abaixo. Por sorte, o corpo parou depois de alguns degraus e pude continuar minha descida até o andar térreo. Saí para um pátio cercado por um muro baixo, coberto de arbustos. Consegui arrastar-me até um nicho, localizado a alguns passos do prédio. Cobri-me com trepadeiras e com uns pés de tomate que cresciam numa pequena horta junto ao muro e fiquei aguardando.

O tiroteio continuava. Projéteis voavam por cima de mim; podia ouvir as vozes de soldados alemães que passavam pela calçada do outro lado do muro. Ao entardecer, notei uma fenda na parede do prédio incendiado. Quando a parede ruísse, certamente iria desabar sobre mim. Assim mesmo, resolvi ficar imóvel onde estava, até que escurecesse de vez e eu tivesse recuperado as forças, minadas pelas pílulas de dormir ingeridas na noite anterior. Quando escureceu voltei para a escadaria, mas não tive coragem de subir. Alguns apartamentos ainda ardiam e as chamas atingiriam, a qualquer momento, o andar do meu quarto. Por isso, pensei em outra solução. No lado oposto da avenida Niepodległości havia o enorme prédio do hospital inacabado, usado pelos alemães como depósito de material bélico. Resolvi ir até lá.

Saí para a avenida Niepodległości. Embora já fosse tarde, não estava escuro. Toda a área ficava iluminada pelo clarão avermelhado dos incêndios. Por toda a extensão da rua jaziam cadáveres e, entre eles, o ainda não recolhido corpo da mulher fuzilada no segundo dia do levante. Deitei-me de bruços e comecei a rastejar na direção do hospital. De vez em quando, passavam por mim soldados alemães, isolados ou em grupos. Nessas ocasiões, me fingia de morto; mais um corpo em meio a tantos. O ar estava impregnado pelo mau cheiro dos corpos em decomposição, misturado com o cheiro de queimado. Tentei deslocar-me o mais rapidamente possível, mas, mesmo assim, a largura da rua parecia infinita e o meu esforço de atravessá-la, interminável. Consegui, finalmente, chegar ao prédio do hospital, entrar pela porta mais próxima e, imediatamente, desabar num sono profundo.

Na manhã seguinte, resolvi explorar o prédio. Constatei, com pavor, que estava repleto de sofás, colchões, recipientes metálicos e de porcelana e de diversos objetos de primeira necessidade, que, certamente, os alemães vinham buscar com frequência. Não encontrei, entretanto, qualquer tipo de alimento. Descobri um monte de trastes num canto distante:

sucata, canos velhos e fogareiros quebrados. Instalei-me no meio desses trastes e fiquei lá por dois dias.

Em 15 de agosto, de acordo com o calendário que carregava no bolso e no qual marcava, caprichosamente, todos os dias, senti uma fome tão terrível que decidi procurar comida, a qualquer custo. Não consegui encontrar nada. Subi no parapeito de uma das janelas fechadas. Os vidros haviam sido substituídos por tábuas, mas através das frestas pude observar a rua. Enxames de moscas sobrevoavam os cadáveres. Na esquina da rua Filtrowa havia uma vila, cujos moradores pareciam levar uma vida estranhamente normal, bebericando chá sentados no terraço. Uma unidade de tropas ucranianas comandada pela SS vinha da rua 6 de Agosto. Recolhia os corpos, empilhava-os e, após encharcá-los com gasolina, ateava fogo. Num determinado momento, ouvi passos que se aproximavam. Saltei do parapeito e me escondi atrás de um caixote. Um batedor da SS chegou perto de onde eu me escondera, olhou em volta e foi embora. Saí correndo para o corredor, subi as escadas e voltei a esconder-me no meio da sucata. Pouco tempo depois, chegou uma unidade de soldados e começou a esquadrinhar todo o prédio. Não vieram até o meu esconderijo, embora eu pudesse ouvir de perto os risos, o cantarolar e assobiar dos soldados, intercalados por perguntas como: "E então, já vimos tudo então?"

Dois dias depois — e cinco dias após ter comido pela última vez, saí novamente do esconderijo para procurar água e comida. O prédio não tinha água corrente, mas encontrei barricas de água para combater incêndios. A superfície da água estava coberta por insetos mortos: moscas, mosquitos e aranhas. Assim mesmo, comecei a bebê-la avidamente. No entanto, tive que parar, pois era uma água fétida e não pude deixar de engolir os insetos. Encontrei algumas cascas de pão na carpintaria. Estavam bolorentas, cobertas de pó e de excrementos de ratos, mas para mim representavam um verdadeiro tesouro. Ao deixá-las, um desdentado carpinteiro nem poderia imaginar que, com isso, salvaria minha vida.

A 19 de agosto, os alemães, gritando e atirando, expulsaram os moradores da vila da rua Filtrowa. Tornei-me o único polonês em todo o bairro. Os homens da SS entravam, cada vez mais frequentemente, no prédio onde eu me escondia. Quanto tempo mais poderia sobreviver assim? Uma semana, talvez duas? Depois disso, só me restaria o suicídio. Dessa vez teria que cortar as veias com uma lâmina de barbear usada — não tinha qualquer outro meio de me matar. Encontrei um punhado de cevadinha num dos cantos. Cozinhei-a à noite num dos fogareiros que havia na carpintaria, e com isso consegui alimento para os próximos dias.

No dia 30 de agosto, resolvi retornar ao meu prédio, que parecia ter sido totalmente consumido pelo fogo. Peguei um balde da água malcheirosa do hospital e novamente atravessei a rua, à 1 hora. Havia planejado esconder-me no porão, mas lá ardiam ainda uns restos de carvão. Instalei-me, portanto, nas ruínas de um apartamento no terceiro andar. Encontrei bastante água na banheira e, embora também fosse suja, considerei-a uma dádiva do céu. Na despensa, milagrosamente não consumida pelo fogo, descobri um pacote de torradas.

Uma semana depois, movido por maus pressentimentos, mudei novamente de esconderijo, transferindo-me para o sótão, debaixo do telhado destruído pelo fogo. Naquele mesmo dia, o prédio foi visitado três vezes por ucranianos que procuravam objetos de valor nos apartamentos não totalmente destruídos pelo fogo. Assim que eles saíram, voltei para o apartamento onde estivera escondido durante a última semana. Os únicos objetos que ainda não haviam sido consumidos pelo fogo foram as lareiras de azulejo. Os ucranianos as haviam desmontado, azulejo por azulejo, certamente à procura de ouro.

No dia seguinte, a avenida Niepodległości amanheceu com alas de soldados em ambos os lados. Por entre elas, os alemães impeliam uma fila de pessoas com sacos nas costas e crianças nos braços. De vez em quando, retiravam alguns homens da fila e, sem qualquer motivo, os fuzilavam diante dos demais, tal como haviam feito no gueto, quando ainda existia. Será que o levante terminara em derrota?

Não! O ar continuava repleto do espocar de projéteis, parecendo o zumbido de zangões, depois se ouvia um som semelhante ao de quando se dá corda em relógios antigos; e em seguida, no centro da cidade, ecoava uma sequência rítmica de fortes explosões.

No dia 18 de setembro, Varsóvia foi sobrevoada por aviões que jogaram suprimentos para os combatentes do levante. Vi muitos paraquedas, mas não sabia se traziam homens ou apenas armas e munições. Nos dias seguintes, os aviões bombardearam os bairros de Varsóvia ocupados pelos alemães e, durante a noite, lançaram mais paraquedas sobre o centro da cidade. Também aumentou consideravelmente o fogo de artilharia proveniente do leste.

A 5 de outubro, levados presos por soldados alemães, destacamentos rebeldes, vestindo uniformes ou apenas exibindo braçadeiras alvirrubras nas mangas, começaram a evacuar a cidade. Era estranho o contraste entre eles e as tropas alemãs, devidamente uniformizadas, bem alimentadas e seguras de si. Riam dos prisioneiros, tiravam fotos e os filmavam. Os guerrilheiros caminhavam emagrecidos, sujos, esfarrapados, mal podendo manter-se em pé. Não prestavam a mínima atenção nos alemães — era como se não existissem, como se os próprios rebeldes tivessem traçado o caminho a percorrer pela avenida Niepodległości. Mantinham-se em ordem nas próprias fileiras, caminhando com dignidade, apoiando os que não podiam andar com as próprias pernas, e, mesmo parecendo arruinados em comparação aos vencedores, não aparentavam derrota.

A saída do restante da população civil em grupos cada vez menores durou ainda oito dias. Os últimos moradores deixaram a cidade no dia 14 de setembro. Já era noite quando tropas da SS passaram pelo prédio em que eu estava escondido, forçando o último grupo de retardatários. Debrucei-me no vão da janela e fiquei olhando até que os vultos, curvados sob o peso dos embrulhos às costas, se dissolveram na escuridão.

Agora estava sozinho, com apenas algumas torradas no fundo do pacote e uma banheira de água suja como provisões. Por quanto tempo poderia resistir nessas condições, considerando a chegada do outono com seus dias mais curtos e o prenúncio da aproximação do inverno?

17 ~ A vida por meia garrafa de vodca

Estava só. Não no prédio, nem mesmo no bairro, mas em toda a cidade. Uma cidade que há apenas dois meses tinha um milhão e meio de habitantes e fora uma das mais ricas e mais belas da Europa. Hoje, no entanto, jazia em ruínas. Sob os escombros dos seus edifícios queimados e destruídos, estavam soterradas as preciosidades culturais de todo o país, acumuladas por séculos, e os milhares de corpos de seres assassinados, que se decompunham no calor dos últimos dias de outono.

As ruínas da cidade eram visitadas diariamente por grupos de pessoas estranhas — ladrõezinhos suburbanos. Esgueiravam-se rapidamente por entre os escombros e, munidos de pás, saqueavam os porões das casas. Um deles veio até as ruínas do prédio onde eu me escondia. Não queria que me visse — ninguém deveria saber da minha existência. Quando começou a subir as escadas e estava próximo do meu andar, urrei num alemão o mais grosseiro possível:

— O que está havendo? Suma daqui!!! *Rrrraus!!!*

Fugiu como uma ratazana espavorida — o último dos infelizes que podia assustar-se com a minha voz, a voz do último pobre-diabo deixado vivo ali.

No final de outubro, pude ver da janela do sótão quando os alemães abordaram um grupo dessas hienas. Os saqueadores tentavam se justificar. Repetiam "Somos de Pruszków, somos de Pruszków..." sem cessar, apontando para o oeste. Os homens da SS colocaram quatro deles contra um muro e, apesar dos pedidos de clemência, fuzilaram-nos sumariamente. Ordenaram aos membros restantes que cavassem um buraco no jardim de uma das vilas, enterrassem os corpos e desaparecessem. Desde então, nem os saqueadores vinham visitar o bairro do qual, agora, eu era de fato o único habitante.

Aproximava-se o primeiro dia de novembro, e estava ficando cada vez mais frio, principalmente à noite. Para que a solidão não me levasse à loucura, resolvi organizar o meu modo de vida da forma mais regular possível. Ainda tinha o relógio, o meu Omega de antes da guerra que, junto com a caneta, eu guardava com todo empenho, já que representavam as minhas únicas posses. Dando-lhe corda a todo instante, usei-o para definir um plano de atividades. Passava os dias deitado imóvel para poupar as forças que ainda me restavam. Apenas uma vez por dia, no início da tarde, esticava o braço para as torradas e a caneca com água que estavam a meu lado para me alimentar e saciar a sede. Desde o amanhecer até essa "refeição", passava na memória todas as composições que havia executado no piano, cadência por cadência. Este exercício, como ficou patente mais tarde, teve sua utilidade: quando voltei a trabalhar na Polskie Radio e me sentei ao piano, todo o meu repertório estava na minha memória, como se não tivesse, nem por um momento, parado de ensaiar durante o transcurso da guerra. Após a "refeição", trazia à memória os textos de todos os livros que lera e repetia palavras em inglês. Eu me dava aulas desse idioma: fazia perguntas a mim mesmo e tentava responder a elas da forma mais correta e mais abrangente possível.

Adormecia ao anoitecer e dormia até a 1 hora quando, munido de fósforos que encontrara num dos prédios não totalmente consumidos pelo fogo, saía à procura de algo para comer. Vasculhava porões e entulhos fumegantes de apartamentos onde encontrava restos de cevadinha, pedaços de pão mofado, farinha bolorenta e, em banheiras, baldes ou panelas — água. Nessas excursões noturnas passava diversas vezes ao lado do cadáver que jazia sobre as escadas corroídas pelo fogo, o único companheiro daqueles tempos cuja presença não precisava temer. Numa dessas excursões encontrei num porão um inesperado tesouro: meia garrafa de vodca. Decidi guardá-la e somente bebê-la quando conseguisse sobreviver à guerra. Durante o dia, enquanto estava deitado no sótão, alemães ou ucranianos invadiam com frequência o prédio à procura de despojos. Cada uma dessas visitas causava em mim preocupação e temor, pois poderia ser descoberto e assassinado. No entanto, embora tivesse contado mais de trinta dessas incursões, nunca subiram ao sótão.

No dia 15 de novembro começou a nevar e, embora estivesse coberto por uma montanha de trapos recolhidos durante as minhas buscas de comida, passei a sentir muito frio. Agora, ao acordar, os trapos estavam cobertos por uma fofa camada de neve branca. Havia arrumado o meu abrigo num canto do sótão, sob a proteção do pouco que restara do telhado, mas a neve entrava por todos os lados.

Certo dia, coloquei um pedaço de pano debaixo do caco de uma vidraça e pude ver a minha imagem refletida nesse espelho improvisado. No primeiro momento não pude acreditar que aquela máscara horrenda que tinha diante dos olhos era eu. Havia meses que não me banhava, não cortava o cabelo nem me barbeava. Uma cabeleira e uma barba, imensas e repugnantes, cobriam meu rosto. A pele livre dos fios de barba estava enegrecida, as pálpebras avermelhadas e a testa coberta por crostas de exantemas.

No entanto, o que mais me afligia era a falta de notícias dos campos de batalha: do *front* e do levante. O Levante de Varsóvia havia terminado em derrota total. Não adiantava ter ilusões, mas ainda haveria resistência nos subúrbios da cidade? Talvez do outro lado do Vístula, em Praga,[8] de onde ainda vinham os sons espaçados de disparos de artilharia? Existiriam outros levantes além do de Varsóvia? Onde se encontrava o Exército soviético? Quais eram os avanços dos aliados no oeste? As respostas eram determinantes quanto à minha sobrevivência, pois iria morrer em breve; de fome ou de frio, mesmo se os alemães não me descobrissem antes.

Após ver minha aparência, resolvi sacrificar uma parte da minha acanhada reserva de água para me lavar. Também resolvi acender um dos fogões que não tinham sido destruídos e cozinhar o resto da cevadinha que possuía. Não havia

---

[8] A parte de Varsóvia localizada na margem oriental do rio Vístula. (*N. do T.*)

ingerido qualquer comida quente por mais de quatro meses, o que, junto com a chegada do frio do outono, me deixava cada vez mais fraco. Para realizar ambas as intenções, lavar-me e cozinhar, teria que sair do meu esconderijo durante o dia. Quando já estava descendo as escadas notei que do outro lado da rua, diante do hospital militar, chegara uma unidade de soldados alemães e iniciara a demolição da cerca de madeira que o rodeava. No entanto, o desejo de comer um pouco de cevadinha quente fez com que não desistisse do meu plano original. Convencera-me de que iria ficar doente se não conseguisse aquecer imediatamente o meu estômago.

Já estava preparando o fogão quando ouvi os passos de soldados subindo as escadas apressadamente. Saí correndo do apartamento e me escondi no sótão. Escapei por pouco. Os alemães, como das outras vezes, reviraram tudo e foram embora. Voltei à cozinha. Para acender o fogão, tive que cortar umas lascas de madeira do umbral de uma das portas usando uma faca enferrujada que havia encontrado. A ponta afiada das lascas, uma farpa de mais de um centímetro de comprimento, entrou por baixo da unha do meu polegar direito. Penetrou tão fundo, que nem podia pensar em retirá-la. Esse pequeno detalhe poderia trazer-me graves consequências: não tinha qualquer desinfetante, vivia no meio de sujeira e poderia contrair uma infecção. Mesmo que ficasse limitada ao dedo, ele certamente ficaria deformado, o que acabaria com a minha carreira de pianista, caso conseguisse sobreviver à guerra. Resolvi esperar até o dia seguinte e, se necessário, cortar a unha com minha lâmina de barbear.

Estava assim parado, olhando para o dedo, quando ouvi novamente passos subindo as escadas. Corri para o esconderijo no sótão, mas dessa vez era tarde demais. Dei de cara com um soldado alemão de rosto rude, com capacete na cabeça e empunhando um fuzil.

Não ficou menos assustado que eu com aquele repentino encontro no meio das ruínas, mas tentou assumir uma aparência ameaçadora. Num polonês capenga perguntou-me o que estava fazendo ali. Respondi que agora vivia fora de Varsóvia e viera buscar algumas coisas minhas que havia deixado no apartamento. Essa explicação, diante de minha aparência, era totalmente absurda. O alemão apontou a arma e me mandou sair. Declarei que iria, mas que ele carregaria a culpa da minha morte para sempre na consciência; se, por outro lado, me poupasse a vida, eu lhe daria meio litro de vodca. Aceitou de bom grado esta forma de suborno, mas disse que voltaria mais tarde, em busca de mais bebida. Assim que ele foi embora, subi rapidamente ao sótão, puxei a escada para dentro e fechei o alçapão. De fato, ele voltou 15 minutos mais tarde, acompanhado por outros soldados e um suboficial. Assim que ouvi os passos, subi para a parte que restava do telhado. Era muito íngreme, de modo que fiquei deitado de costas, apoiando os pés na calha. Se ela entortasse ou quebrasse, não teria mais qualquer apoio e poderia cair do quinto andar na rua. Mas ela resistiu e eu pude, graças a esse novo esconderijo, salvar-me mais uma vez. Os alemães vasculharam todo o prédio. Fizeram uma pirâmide com algumas mesas e cadeiras e chegaram até o sótão, mas não tiveram a ideia de subir no telhado. Provavelmente não acharam possível que alguém pudesse estar deitado nele. Praguejando e emitindo impropérios contra mim, foram embora de mãos abanando. Assustado pelo encontro com os alemães, que poderia ser o prenúncio de novos encontros, decidi passar os dias deitado no telhado e descer ao sótão somente ao anoitecer. A superfície do telhado era gelada; entorpecia-me as pernas e os braços e o meu corpo ficava enrijecido naquela posição tensa e desconfortável, mas, já que me sujeitara a tanta coisa, suportaria ficar assim mais uma semana, até que aqueles soldados cientes da minha existência concluíssem a sua tarefa no hospital e fossem embora.

Eram quase 10 horas. Neste dia, os homens da SS trouxeram um grupo de pessoas em trajes civis para ajudar nos trabalhos no hospital. Estava deitado no telhado quando, repentinamente, ouvi o som de uma rajada de metralhadora que mais parecia um assovio ou o chilrear de um bando de pardais passando sobre a minha cabeça. Balas saraivavam à minha volta. Olhei em frente: dois soldados alemães atiravam em mim do telhado do hospital do outro lado da rua. Pulei para o sótão e corri agachado em direção à escadaria. Ouvi gritos *Halt! Halt!*, uma nova série de tiros e dezenas de balas passaram zunindo. Não havia o que pensar: o meu último esconderijo no prédio fora descoberto. Precisava fugir imediatamente. Desci correndo as escadas, atravessei a rua Sędziowska e me escondi nas ruínas dos sobrados de Staszyc. A minha situação tornara-se desesperadora pela enésima vez. Fiquei vagando por entre sobrados totalmente consumidos pelo fogo, sem sombra de chance de encontrar água ou comida e muito menos um esconderijo. Depois de algumas horas de procura, vi um prédio alto localizado entre a avenida

Niepodległości e a rua Sędziowska. Fui em sua direção, convencido de que aquele seria o único lugar onde poderia me esconder. Ao chegar perto constatei que, embora a parte central tivesse sido totalmente consumida pelas chamas, as suas alas permaneceram perfeitas. Os apartamentos estavam mobiliados, as banheiras continham água guardada desde o início do levante e os saqueadores haviam deixado alguns mantimentos nas despensas. Por força de hábito, instalei-me no sótão. O telhado estava quase intacto; apenas aqui e ali alguns rombos causados por estilhaços de bombas. No patamar do penúltimo andar havia um pequeno vitral que me permitia observar as redondezas. Embora fizesse menos frio do que no esconderijo anterior, tinha o inconveniente de impossibilitar qualquer forma de fuga. Mesmo se quisesse me atirar do telhado à rua para não ser pego com vida, era impossível. Apesar de tantas vantagens, não me sentia confortável neste novo esconderijo. Talvez pelo simples fato de já estar acostumado ao anterior... No entanto, por ora eu não tinha escolha; devia ficar ali.

Desci até o vitral e comecei a olhar em volta: o prédio estava cercado por centenas de casas totalmente queimadas que formavam um enorme bairro-fantasma. Nos jardins das casas pude ver as sepulturas dos seus habitantes assassinados. De repente, observei um grupo de pessoas andando em fileiras de quatro pela rua Sędziowska. Estavam em trajes civis, carregavam pás e picaretas nos ombros e não havia pessoas uniformizadas à sua volta. Movido por um repentino desejo de ouvir uma voz humana, e excitado com a minha recente escapadela, decidi trocar algumas palavras com aquelas pessoas. Desci correndo as escadas e saí para a rua. O pequeno grupo estava a algumas dezenas de metros de distância. Corri para alcançá-lo.

— Vocês são poloneses?

Pararam. Olharam para mim com espanto. O líder do grupo respondeu:

— Sim.

— O que estão fazendo aqui? — falei com dificuldade e emoção, após quatro meses de absoluto mutismo além das poucas palavras trocadas com o soldado alemão a quem tinha subornado com a vodca.

— Vamos cavar trincheiras defensivas. E o senhor, o que está fazendo aqui?

— Estou me escondendo.

O líder olhou para mim com certa compaixão.

— Venha conosco — disse —, o senhor terá trabalho, ganhará sopa...

Sopa! Somente em pensar na possibilidade de tomar uma verdadeira sopa quente, senti espasmos de fome no estômago tão grandes que, por um momento, pensei em acompanhá-los, mesmo se fosse para ser fuzilado mais tarde. A ideia de ingerir uma sopa e saciar a fome, pelo menos por uma vez, era irresistível. No entanto, o bom senso prevaleceu.

— Não — respondi. — Não irei juntar-me aos alemães.

O homem sorriu com algum cinismo e algum escárnio.

— Ah! — acrescentou —, os alemães não são tão ruins assim....

Somente então me dei conta de algo que não notara antes. Somente o chefe conversava comigo; os membros restantes do destacamento nos fitavam em silêncio. O chefe portava uma braçadeira colorida com uma insígnia, e o seu rosto denotava um caráter perverso, fraco e servil. Ao falar comigo não me olhava nos olhos, mas por cima do meu ombro direito.

— Não — repeti. — Agradeço, mas não vou acompanhá-los.

— Como o senhor quiser! — rosnou.

Virei as costas e, quando o grupo começou a andar, gritei:

— Até logo!

Tocado por um pressentimento ou movido pelo instinto de sobrevivência, não fui na direção do prédio em cujo sótão estava o meu esconderijo. Encaminhei-me até uma casa próxima, dando a impressão de estar escondido no seu porão. Ao chegar ao vão da porta queimada olhei para o grupo mais uma vez — marchava em frente, mas o seu líder se voltava a toda hora, observando para onde eu ia. Somente quando o grupo desapareceu de vista voltei ao meu esconderijo de fato, para o patamar com o vitral pelo qual passei a observar as redondezas. Decorridos uns dez minutos, apareceu o civil acompanhado por dois gendarmes. Mostrou-lhes a casa na qual eu entrara. Vasculharam-na toda e mais algumas outras. Nem olharam para o prédio onde eu estava — talvez temessem encontrar um grupo de guerrilheiros que ainda se escondiam nas ruínas de Varsóvia. Graças à covardia dos alemães, que só eram valentes quando bem mais numerosos que os seus adversários, muitas pessoas puderam salvar-se no decorrer da guerra.

Dois dias depois saí novamente em busca de alimento. Desta vez tinha a intenção de acumular bastante comida para não ter que abandonar o esconderijo com muita frequência. Tive que fazê-lo à luz do dia, pois não conhecia o prédio suficientemente para aventurar-me à noite pelo seu interior. Entrei numa cozinha e encontrei uma despensa repleta de latas, saquinhos e caixas. Comecei a tirar tampas e desamarrar cordões e estava totalmente absorvido com estas tarefas, quando ouvi uma voz às minhas costas:

— *Was suchen Sie hier?*

Atrás de mim, apoiado sobre um aparador, estava um oficial alemão esbelto e elegante, com os braços cruzados sobre o peito.

— O que o senhor está fazendo aqui? — repetiu a pergunta. — O senhor não sabe que neste momento o comando de defesa de Varsóvia está se instalando neste prédio?

18 ~ Noturno em dó menor

Desabei sobre a cadeira junto da despensa. Senti de repente que, com toda certeza, não teria mais forças para escapar desta nova cilada. Percebi que estava perdendo os sentidos. Fiquei sentado, ofegante, fitando de forma obtusa o oficial alemão. Somente após algum tempo reuni forças suficientes para responder:

— O senhor pode fazer comigo o que quiser. Não me moverei daqui.

— Não tenho a intenção de lhe fazer nada! — O oficial deu de ombros. — O que o senhor faz na vida?

— Sou um pianista.

Olhou para mim com mais atenção e evidente descrença. Depois, como se lhe tivesse ocorrido algo, olhou na direção da porta que levava da cozinha aos quartos do apartamento.

— Venha comigo.

Atravessamos o primeiro quarto, que certamente fora a sala de jantar, e entramos no seguinte, onde havia um piano encostado na parede. O oficial apontou para o piano:

— Toque algo.

Não teria ele a noção de que a música do piano atrairia os homens da SS? Lancei-lhe um olhar indagador, sem me mexer. Deve ter percebido o meu temor, pois acrescentou:

— Pode tocar. Se aparecer alguém, o senhor se esconderá na despensa e eu direi que estava testando o instrumento.

Coloquei os dedos sobre o teclado; tremiam como varas verdes. Desta vez teria que literalmente ganhar a vida tocando piano. Não praticava há dois anos e meio, meus dedos estavam enrijecidos e cobertos por uma crosta de sujeira, e as unhas foram aparadas pela última vez na véspera do dia em que o prédio onde me escondia tinha sido incendiado. A exemplo de todos os demais aposentos do apartamento, as janelas do quarto em que estava o piano não tinham vidraças, e a umidade havia afetado o instrumento a ponto de as teclas necessitarem de grande pressão dos dedos.

Comecei a tocar o "Noturno em dó menor", de Chopin. O tilintante som diáfano do piano repercutia nas paredes vazias do apartamento e da escadaria, ecoando abafado e melancólico entre as ruínas das casinhas do outro lado da rua. Quando terminei, o silêncio reinante na cidade ficou ainda mais fantasmagórico. De longe, ouvia-se o miado de um gato, enquanto de baixo, da rua, chegavam a nós gritos guturais em alemão. O oficial ficou olhando para mim em silêncio, depois deu um suspiro e disse:

— De todo modo, o senhor não pode ficar aqui. Vou levá-lo para fora da cidade, para alguma aldeia. Lá o senhor estará em segurança.

Meneei a cabeça negativamente.

— Mas eu não posso sair daqui! — falei enfaticamente.

Somente então ele pareceu entender o real motivo pelo qual eu vivia escondido entre os escombros. Mexeu-se nervosamente e perguntou:

— O senhor é judeu?

— Sim.

Abaixou os braços, que até então mantinha cruzados no peito, e sentou-se numa poltrona ao lado do piano, como se esse problema o forçasse a uma profunda reflexão.

— Ah, bem! Nesse caso o senhor realmente não pode sair daqui.

Pensou ainda por alguns instantes e depois se voltou para mim com uma nova pergunta:

— Onde é que o senhor se esconde?

— No sótão.

— Deixe-me ver como é.

Subimos as escadas. Examinou o sótão de uma forma profissional e minuciosa e descobriu algo que eu não tinha percebido: havia mais um pavimento, uma espécie de jirau sobre a entrada do sótão, perto da junção com o telhado, difícil de ver na penumbra reinante no local. Aconselhou-me a encontrar uma escada num dos apartamentos e esconder-me sempre no jirau, puxando a escada para cima depois de usá-la. Perguntou ainda se eu tinha comida suficiente.

— Não — respondi. — Estava à procura de mantimentos quando o senhor me descobriu.

— Não tem importância — disse rapidamente, como se estivesse envergonhado com aquela situação. — Eu lhe trarei comida.

Criei coragem e fiz a pergunta que não conseguia mais conter:

— O senhor é alemão?

O oficial enrubesceu e respondeu, quase gritando, como se eu o estivesse ofendendo:

— Sim. Infelizmente sou alemão. Sei muito bem de tudo que está se passando aqui na Polônia e sinto vergonha pelo meu país.

Apertou minha mão com um gesto brusco e saiu.

Passaram-se três dias até aparecer novamente. Estava anoitecendo e já bastante escuro quando ouvi um sussurro:

— O senhor está aí?

— Sim, estou — respondi.

Um pesado pacote caiu a meu lado. Tateei o papel que o envolvia e senti que continha alguns pães e algo macio, que mais tarde se revelou um pedaço de marmelada envolto em papel-manteiga. Coloquei o pacote de lado e chamei:

— Espere um minuto, por favor!

A voz vinda da escuridão soou impaciente:

— O que o senhor quer? Apresse-se. Não posso ficar por muito tempo, pois fui visto por guardas ao vir para cá.

— Onde estão os exércitos soviéticos?

— Em Praga. Aguente firme; é questão de algumas semanas. A guerra vai terminar até a primavera!

A voz silenciou. Não sabia se o oficial ainda estava ali ou se tinha ido embora. Mas, poucos minutos depois, ele falou novamente:

— O senhor tem que resistir! Está me ouvindo?! — falou com dureza, como se estivesse dando-me uma ordem e quisesse incutir em mim a sua convicção de que a guerra teria um final feliz para nós dois.

As semanas seguintes foram de uma monotonia desesperadora. O som da artilharia do outro lado do Vístula tornara-se cada vez mais escasso. Havia dias em que não se ouvia nem um tiro. Teria entregado os pontos e cometido o várias vezes planejado suicídio, não fossem os jornais que envolviam os pães trazidos pelo oficial alemão. Eram recentes; eu os lia e relia, animando-me com as notícias das derrotas dos exércitos alemães, que recuavam em todas as frentes de batalha para o interior do Reich.

O comando alemão instalado nas alas do prédio funcionava de forma invariável. Os soldados subiam e desciam as escadas, entravam frequentemente no sótão para trazer ou retirar alguns pacotes, mas o meu esconderijo era perfeito; nenhum deles teve a ideia de olhar para o jirau. O prédio estava cercado permanentemente por sentinelas. Podia ouvir quando batiam com as botas no chão para se aquecer, noite e dia. Saía do meu esconderijo somente à noite, em busca de água nas banheiras dos apartamentos destruídos.

No dia 12 de dezembro vi o oficial pela última vez. Trouxe mais pães do que de costume e um edredom. Informou-me que estava partindo de Varsóvia junto com o seu destacamento, mas que eu não devia perder as esperanças, pois o ataque dos russos começaria em poucos dias.

— Sobre Varsóvia?

— Sim.

— E como poderei sobreviver à luta nas ruas? — perguntei preocupado.

— Se o senhor e eu conseguimos sobreviver mais de cinco anos deste inferno — respondeu —, então deve estar escrito que não vamos morrer. Temos que acreditar nisso.

Estava de saída e nos despedíamos. Enquanto pensava como lhe retribuir, já que ele não queria aceitar, de forma alguma, o meu relógio — o único tesouro que lhe podia oferecer —, tive uma ideia:

— Escute-me com atenção! — peguei-o pelo braço e comecei a persuadi-lo insistentemente. — O senhor não sabe quem eu sou. O senhor não perguntou o meu nome, mas eu gostaria que o senhor o guardasse na memória. Não sabemos como esta guerra vai terminar. O senhor tem um longo caminho até a sua casa. Eu, por outro lado, caso sobreviva, começarei a trabalhar imediatamente aqui mesmo, em Varsóvia, na mesma Polskie Radio onde trabalhava antes da guerra. Se lhe acontecer algo e eu puder ser de alguma ajuda, lembre-se: Władysław Szpilman, Polskie Radio.

O oficial sorriu timidamente, como se estivesse encabulado, mas senti que o meu desejo de ajudá-lo, bastante ingênuo naquela situação em que nos encontrávamos, lhe agradara.

A primeira onda de frio chegou em meados de dezembro. Quando, na noite de 13 para 14, saí à procura de água, notei que as panelas continham apenas gelo. Levei uma das panelas para o sótão, arranquei um pedaço de gelo e coloquei-o na boca. No entanto, a água obtida desta forma não saciava a sede. Tive então uma outra ideia: deitei-me coberto pelo edredom e coloquei a panela sobre a minha barriga desnuda. Depois de algum tempo, o gelo começou a derreter. Usei este sistema por vários dias, até que a onda de frio amainou e o gelo passou a se derreter por si só, ao ar ambiente.

Chegaram o Natal e o ano-novo de 1945: o sexto período das festas de fim de ano desta guerra, o pior de todos que já passara até agora e, provavelmente, o mais difícil de sobreviver. Passei-o deitado no escuro, ouvindo o uivar do vento nos restos dos telhados e o barulho dos últimos móveis sendo derrubados no interior dos apartamentos queimados e destruídos por bombas. Nos momentos em que cessava a ventania, podia ouvir os guinchos de camundongos ou ratazanas que corriam pelo sótão. Às vezes caíam sobre o edredom, ou então, quando eu estava dormindo, sobre o meu rosto, arranhando-o com as suas unhas. Lembrava-me das festas anteriores, as de antes da guerra e mesmo as dos primeiros anos de ocupação alemã: eu tinha uma casa, meus pais e meus irmãos. Depois, não tínhamos mais a casa, mas permanecíamos unidos. Fiquei órfão, mas cercado de pessoas. Hoje estava tão solitário como ninguém no mundo. Quando Defoe criou a imagem ideal de um homem sozinho — Robinson Crusoé — deu-lhe a esperança de contato com outros seres humanos e Robinson podia se regozijar com a perspectiva de encontrá-los a qualquer momento. Mas no meu caso, eu tinha que fugir das pessoas que estavam à minha volta; tinha que me esconder delas para não ser morto. Se quisesse sobreviver, tinha que ficar só, absolutamente só.

No dia 14 de janeiro fui acordado por uma movimentação incomum no prédio e na rua — veículos vinham e partiam, soldados subiam e desciam as escadas, ouviam-se vozes excitadas e nervosas. Caixotes e mais caixotes estavam sendo retirados do prédio para serem, provavelmente, carregados em caminhões. À noite, ouvia os disparos de artilharia provenientes da, até agora silenciosa, frente do outro lado do Vístula. Os projéteis não chegavam até o bairro onde eu me escondia, mas o incessante trovejar dos canhões sacudia o chão, os muros das casas e os telhados, fazendo o reboco se desprender das paredes. Certamente eram os famosos lança-bombas soviéticos, os *katiusha*, muito comentados ainda antes do levante. Estava tão feliz e excitado que cometi uma loucura imperdoável nas minhas condições: bebi um caneco cheio d'água.

Permaneci no meu estado de euforia mesmo quando, três horas depois, cessou o trovejar de artilharia. Não preguei os olhos durante toda a noite. Caso os alemães pretendessem defender as ruínas de Varsóvia, os combates corpo a corpo iriam iniciar-se a qualquer momento, e eu corria o perigo de ser pego no fogo cruzado, o que representaria a *fermata* definitiva e final do meu tormento.

No entanto, a noite transcorreu calma. Por volta de 1 hora, os últimos alemães agruparam-se na rua e partiram. O silêncio que se seguiu foi ainda mais profundo do que o que reinara na Varsóvia deserta por mais de três meses. Não se ouviam os passos dos guardas na frente do prédio, nem sons de batalha. Eu não sabia o que pensar. Onde estariam sendo travados os combates?

Somente nas primeiras horas do dia seguinte, ao amanhecer, o silêncio foi interrompido pelo mais inesperado dos anúncios. Diversos alto-falantes instalados nas redondezas informavam, em polonês, que os alemães tinham sido derrotados e que Varsóvia fora reconquistada pelo Exército de Żymierski[9] e pelo Exército Vermelho.

Os alemães haviam abandonado a cidade sem oferecer resistência.

Assim que clareou, comecei a preparar-me febrilmente para sair à rua. Estava colocando o longo casaco alemão que recebera do oficial para me proteger do frio durante as minhas excursões à procura de água, quando, de repente, ouvi novamente os passos das sentinelas diante do prédio. Teriam as tropas polonesas e russas recuado?... Caí sobre o estrado totalmente desfeito e estava nessa posição quando ouvi algo que não ouvia há meses: vozes de mulheres e crianças, conversando tranquilamente, como se nada tivesse acontecido, como se, simplesmente, mães estivessem levando seus filhos para passear. Decidi descobrir a qualquer custo o que estava se passando. A permanência nesse estado de incerteza tornara-se insuportável.

Desci correndo as escadas e olhei para a avenida Niepodległości através do portão principal do prédio abandonado. O céu estava cinzento e triste. À minha esquerda vi um soldado cujo uniforme não pude reconhecer de tão longe. Do lado direito aproximava-se uma mulher com uma trouxa nas costas. Quando chegou mais perto, tomei coragem e resolvi abordá-la:

— Senhora, minha senhora! — tentei chamar a sua atenção a meia-voz.

---

[9] Tropas polonesas que, comandadas pelo general Żymierski, lutaram ao lado do Exército soviético. (*N. do T.*)

Ela olhou para mim, gritou "Um alemão!" e fugiu em disparada. Com isso, chamou a atenção do soldado que, sem um momento de reflexão, disparou uma rajada de metralhadora em minha direção. As balas acertaram a parede ao lado e senti pedaços do reboco batendo no meu rosto. Sem hesitar um segundo, subi correndo as escadas e voltei a esconder-me no sótão.

Após alguns minutos, olhei pela janelinha e constatei que o prédio todo fora cercado. Ouvi gritos dos soldados que revistavam o porão, alguns tiros esparsos e explosões de granadas de mão.

A minha situação, desta vez, tornara-se absurda. Depois de tudo que havia passado, no limiar da liberdade e com Varsóvia liberada, por um mal-entendido, poderia ser morto por soldados poloneses. Comecei a pensar numa forma de fazê-los saber que eu era polonês e não um alemão que se escondia, antes que eles me matassem. Entrementes, o cerco do prédio havia sido engrossado por mais uma unidade militar, desta vez com uniformes azul-marinho (como vim a saber mais tarde, tratava-se de uma unidade de defesa das linhas férreas que estava passando por perto). Estava, portanto, sendo caçado por duas unidades de soldados fortemente armadas.

Comecei a descer as escadas gritando a plenos pulmões:

— Não atirem! Sou polonês!

Em instantes, ouvi passos apressados subindo os degraus da escada. Por trás do balaústre, surgiu um jovem oficial polonês, exibindo a águia polonesa no quepe. Apontou o revólver para mim e gritou "Mãos ao alto!" em alemão.

Repeti minhas frases anteriores:

— Não atire! Sou polonês!

O tenente ficou vermelho de raiva:

— Então por que o senhor não desce?! — berrou. — Porque anda por aí vestido num casaco alemão?!...

Somente depois de me olhar de perto e em seguida a uma revista minuciosa se convenceram de que eu não era alemão. Decidiram levar-me para o local onde estavam aquartelados, a fim de que eu pudesse tomar um banho e me alimentar, mas eu não sabia o que iriam fazer daí em diante.

Eu não podia, no entanto, simplesmente ficar entregue a eles. Tinha que cumprir uma promessa que havia feito a mim mesmo: abraçar calorosamente o primeiro polonês que encontrasse após a ocupação alemã. A tarefa revelou-se um tanto difícil. O tenente evitou o abraço usando todos os argumentos possíveis, salvo um, que ele não expôs por delicadeza. Não antes de eu o ter beijado, tirou um espelhinho do bolso, colocou-o diante dos meus olhos e disse, rindo:

— Veja que grande patriota eu sou!

Depois de três semanas, alimentado pelo Exército, banhado e descansado, saí andando pelas ruas de Varsóvia sem medo, como um homem livre. Fui caminhando para o leste, na direção do Vístula, para chegar a Praga, o antes pobre e distante subúrbio, que hoje era o que sobrara de Varsóvia. O restante da cidade fora totalmente arrasado pelos alemães.

Eu era o único ser humano a andar solitário por uma longa artéria da cidade, que nos velhos tempos vivia coalhada de gente. Por toda sua extensão, não havia um único prédio que não estivesse destruído. A cada passo tinha que me desviar de montes de entulho, ou então escalá-los como se escala uma montanha rochosa. Minhas pernas enroscavam-se em pedaços de fios telefônicos e cabos elétricos de bondes; em farrapos de tecidos que, antes da guerra, enfeitavam apartamentos ou vestiam pessoas hoje mortas.

Perto de um dos edifícios, junto a uma das barricadas erguidas no levante, jazia um insepulto esqueleto, miúdo e de ossos finos. Devia ser o de uma jovem, pois a caveira ainda estava coberta por compridos cabelos louros. Ao seu lado, uma espingarda enferrujada e, sobre os ossos do braço direito, uma braçadeira alvirrubra com as desbotadas letras AK,[10] no meio de farrapos de roupa.

Dei-me conta de que das minhas irmãs, a bela Regina e o modelo de seriedade juvenil Halina, nem estes restos sobraram, e que nunca encontraria os túmulos sobre os quais pudesse rezar pelas suas almas.

Parei um momento para descansar. Olhei para a parte setentrional da cidade — onde outrora existira o gueto e onde foram assassinados mais de meio milhão de judeus. Não havia qualquer vestígio; até as paredes das casas consumidas pelas chamas foram derrubadas e espezinhadas pelas botas dos alemães.

A partir do dia seguinte teria que começar uma vida nova. Como recomeçar a viver tendo apenas a morte atrás de mim? Que energia vital poderia tirar da morte?

Fui em frente. O vento uivava por entre as ruínas e os vãos das janelas sem vidraças. Escurecia. Uma neve fina começou a cair do céu cada vez mais sombrio.

---

[10] Sigla de Armia Krajowa, um dos exércitos clandestinos que lutaram contra os ocupantes alemães. (*N. do T.*)

Pós-escrito

Duas semanas depois, um dos meus colegas da rádio, o violinista Zygmunt Lednicki, que participou do levante, voltava das ruínas de Varsóvia. Ia — como muitos outros — a pé, para chegar o mais rapidamente possível à sua cidade, quando passou por um campo provisório de prisioneiros alemães. O campo era cercado por arame farpado, assim como viviam cercados, alguns meses antes, todos os sobreviventes de Varsóvia: homens, mulheres e crianças.

Ao me contar o que ocorrera, achou que havia agido de forma inadequada, mas simplesmente não pôde se conter. Aproximou-se do arame farpado e disse aos alemães: "Vocês afirmavam que vinham de um país civilizado, mas de mim, um artista, vocês tiraram tudo o que eu tinha: o meu violino." Um dos oficiais levantou-se e, caminhando com dificuldade, aproximou-se da cerca. Estava magro, barbudo e vestia farrapos. Fitando Lednicki com um olhar cheio de desespero, perguntou:

— Será que o senhor conhece o Szpilman?

— Claro que conheço!

— Sou um oficial alemão — começou a sussurrar, febrilmente — e ajudei o Szpilman quando ele estava escondido no
sótão do prédio onde ficava o comando da defesa de Varsóvia.
Diga-lhe que estou aqui. Salve-me, pelo amor de Deus...

Nesse momento aproximou-se uma das sentinelas.

— É proibido falar com os prisioneiros. Por favor, afaste-se!

Lednicki recuou, e se deu conta de que não sabia o nome
daquele alemão. Voltou para junto da cerca, mas o oficial já ia
sendo levado para longe pela sentinela.

— Como o senhor se chama? Qual é o seu sobrenome?

O alemão olhou para trás e gritou algo que Lednicki não
conseguiu ouvir direito.

Eu também desconhecia o seu sobrenome. Não quis sabê-
-lo por simples precaução. Caso fosse apanhado e quisessem
descobrir quem havia me fornecido o pão, eu não poderia,
mesmo sob as torturas brutais adotadas pela polícia alemã,
revelar o nome daquele oficial.

Embora tivesse feito tudo que me fora possível, não consegui encontrar o seu rastro. O campo de prisioneiros alemães
havia sido transferido para algum lugar distante. Para onde?
— não consegui saber. Tratava-se de um segredo militar.
Quem sabe, talvez esse oficial — a única pessoa em uniforme
alemão com quem tive contato — tenha conseguido finalmente retornar à sua casa.

De vez em quando dou um recital no prédio da rua Narbutta número 8, onde carreguei tijolos e cal em 1942 e onde
trabalharam muitos habitantes do gueto, que foram fuzilados
tão logo terminaram a construção dos alojamentos dos ofi-

ciais da Gestapo. Os oficiais em questão não puderam desfrutar do conforto desses alojamentos por muito tempo. Hoje, o prédio foi transformado numa escola. Toco para crianças que não têm a mais vaga noção do sofrimento e pavor pelos quais passei nessas ensolaradas salas de aula. Rezo para que elas nunca precisem aprender o que isso significa.

Fragmentos do diário do
Capitão Wilm Hosenfeld

18 de janeiro de 1942

A revolução nacional-socialista se caracteriza pela sua ambiguidade. A história nos fala dos acontecimentos cruéis e da chocante bestialidade da Revolução Francesa. Também durante a revolução bolchevique, os instintos animais dos embriagados de ódio "subumano" permitiram que se perpetrassem os mais hediondos crimes entre os membros da camada reinante. Apesar da repulsa e do sentimento de pena, não se pode negar que, por trás dessa falta de compaixão, havia uma inabalável vontade. Não havia negociações, ilusões nem compromissos. Os revolucionários, independente das suas ações, mergulhavam de cabeça em busca dos seus objetivos, sem se importar com ética, consciência ou sua origem. Tanto os jacobinos quanto os bolcheviques assassinavam os elementos das classes dominantes e condenavam à morte os membros das respectivas casas reais. Rompiam com o cristianismo e empreendiam lutas sem trégua contra a religião católica. Conseguiram envolver suas populações em guerras, travadas com ímpeto e engajamento — no passado, essas guerras eram revolucionárias; hoje, assim é a guerra contra os alemães. Suas ideias e teorias golpistas tiveram longo alcance, chegando a ultrapassar as fronteiras dos seus países.

Os métodos dos nazistas são diferentes, embora tenham o mesmo objetivo: a eliminação e o extermínio daqueles que pensam diferentemente de nós. De vez em quando alguns compatriotas são fuzilados, mas isso é mantido em relativo silêncio e longe da opinião pública. Pessoas são trancadas em campos de concentração, onde vão sendo assassinadas aos poucos. A opinião pública não toma conhecimento desses fatos. Já que temos de perseguir os inimigos do país, é necessário ter a coragem de os esmagar publicamente e deixar a sociedade julgar os nossos atos.

Os nazistas ligam-se, por um lado, às elites financeiras e industriais e apoiam o capitalismo — e, por outro, promovem o socialismo. Propagam o direito de opinião, individualidade e da liberdade religiosa e, ao mesmo tempo, destroem as igrejas católicas e travam com elas uma surda batalha. Falam do direito de desenvolver interesses individuais, atrelando-os, no entanto, à necessidade de filiação ao partido. Mesmo os mais dotados e mais geniais são postos à margem se não forem membros do partido. Hitler oferece paz ao mundo enquanto arma a nação para transformá-la numa potência. Anuncia aos quatro ventos que não pretende ocupar outros países nem privá-los do seu direito de autogestão, mas o que faz com os tchecos, poloneses e sérvios?

Certamente, não era necessário que a Polônia perdesse a soberania dentro das suas fronteiras.

Olhemos agora como vivem os nazistas; em que medida eles adotaram os princípios que tanto apregoam. Tomemos, por exemplo, o *slogan* "Bem coletivo acima do bem individual". Exigem que este princípio seja adotado pelo homem comum, mas eles mesmos nem pensam em segui-lo. Quem está combatendo o inimigo? É o país, não o partido. Enquanto até inválidos estão sendo convocados para o Exército, setores do partido e da polícia estão cheios de homens jovens e saudáveis que trabalham longe do *front*. Estão sendo poupados para quê?

Tomam-se todos os bens dos poloneses e dos judeus para deles se prevalecer e usufruir. Agora, eles não têm o que comer; passam por necessidades e sentem frio. Mas isto não impede que continuemos a nos apossar de tudo que estiver ao nosso alcance.

Varsóvia, 17 de abril de 1942

Vivo aqui calmamente, dia após dia, na escola de esportes. Embora, na realidade, nada tenha a ver com as ações militares, não estou feliz. De vez em quando chegam a mim notícias esparsas. Aqui, as notícias mais importantes tratam de assuntos locais: fuzilamentos, acidentes etc. Em Łódź fuzilaram cem pessoas inocentes, porque alguns bandidos[11] haviam assassinado três policiais — e ocorreu o mesmo em Varsóvia.

---

[11] Denominação dada pelos alemães aos membros da Resistência. (*N. do T.*)

Contudo, em vez de causar pavor, estes atos aumentaram ainda mais a determinação, o ódio e o crescente fanatismo dos poloneses. Na ponte de Praga, dois membros da Juventude Hitlerista agrediram um polonês. Quando ele reagiu, chamaram um policial. O polonês puxou uma arma e matou os três. Na praça Pocztowy, um caminhão militar atropelou um riquixá com três pessoas, uma das quais não morreu de imediato. O motorista do caminhão seguiu em frente, arrastando consigo a viatura com uma pessoa viva no seu interior. Houve uma aglomeração popular; um alemão tentou parar o caminhão, mas não conseguiu. Finalmente, o veículo ficou tão emaranhado nas rodas do caminhão que este teve que parar. O motorista saltou, afastou o riquixá e seguiu adiante.

Em Zakopane,[12] os poloneses não quiseram entregar os seus esquis; as casas foram revistadas e 240 homens foram enviados para Oświęcim, o temido campo de concentração no leste da Polônia, onde a Gestapo tortura as pessoas até morrerem. Para simplificar sua tarefa, enviam as pessoas para câmaras de gás, onde são assassinadas. Durante os interrogatórios, os suspeitos são agredidos de forma desumana. Existem câmaras de tortura especiais onde, por exemplo, a vítima é amarrada pelos braços a um poste, o poste é suspenso e a pessoa fica pendurada até perder os sentidos. Ou então a vítima é colocada de cócoras dentro de um caixote e fica nessa posição até enlouquecer. Quantos outros métodos bárbaros foram inventados? Quantas pessoas inocentes apodrecem nas

---

[12] Estação de esqui no sul da Polônia. (*N. do T.*)

prisões? A cada dia a comida fica mais escassa e, aos poucos, começa a reinar fome em toda a Varsóvia.

Tomaszów, 26 de junho de 1942

Ouço sons de órgão e de coro vindos de uma igreja católica. Entro e vejo várias crianças vestidas de branco recebendo a primeira comunhão junto do altar. A igreja está cheia de gente, e todos cantam *Tantum ergo*. O padre abençoa os presentes, inclusive a mim. Estas crianças inocentes, aqui, nesta cidade polonesa, e lá, numa cidade alemã ou de outro país, rezam todas a Deus e, mais tarde, daqui a alguns anos, irão para os campos de batalha, cegas de ódio e matando-se umas às outras. Também no passado, quando os países eram mais cristãos e chamavam os seus governantes de ungidos de Deus, a situação era parecida com a de hoje, quando nos afastamos do cristianismo. Tudo leva a crer que a humanidade está condenada a fazer mais mal do que bem. O amor ao próximo é um dos maiores ideais sobre a terra.

Varsóvia, 23 de julho de 1942

Quando se leem os jornais ou se ouve o rádio, parece que tudo vai bem: a paz está garantida, vencemos a guerra e o futuro da nação alemã brilha cheio de esperança. Mas não creio e não posso aprovar isso, simplesmente porque a ilegalidade não pode se sobrepor para sempre e os métodos adotados pelos alemães nos países ocupados provocarão, mais cedo ou mais tarde, a devida resistência. Conheço apenas as condições reinantes na Polônia e assim mesmo num âmbito limitado, uma vez que nos fornecem o mínimo de informações. Mas, pelas conversas e observações que chegam até nós, podemos perceber claramente a situação. As formas de administração e de comando e as chantagens impostas aos poloneses, assim como as atitudes da Gestapo, são excepcionalmente drásticas, e certamente não são diferentes das adotadas em outros países conquistados.

A prepotência e o terror reinam em toda parte. Detenções, deportações e até fuzilamentos são ocorrências cotidianas. A vida e a liberdade das pessoas perderam seu significado. Mas o instinto da liberdade é inato aos homens e aos países, e não pode ser abafado por muito tempo. A nossa responsabilidade é aumentada pela revoltante ilegalidade que é a eliminação da população judaica. O extermínio dos judeus, que fora um dos objetivos da administração civil alemã, da polícia e da Gestapo desde os primeiros dias da ocupação das terras do leste, continua sendo implementado, mas agora de forma mais impetuosa e radical.

Chegaram a nós relatos de pessoas confiáveis informando que o gueto de Lublin foi evacuado e os judeus expulsos — a maioria fuzilada na floresta próxima e muita gente levada para um campo de concentração. Conta-se ainda que os judeus de Łódź e Kutno — homens, mulheres e crianças — são envenenados em caminhões-câmaras de gás, seus corpos despidos e jogados em valas comuns, enquanto as suas roupas são despachadas para reaproveitamento em fábricas de uniformes. Hoje mesmo, as quatrocentas mil pessoas do gueto de Varsóvia estão sendo eliminadas de maneira semelhante. Em vez de usarmos a polícia alemã, lançamos mão de batalhões de policiais ucranianos e lituanos. Não posso acreditar em tudo isto. Não tanto por preocupação com o nosso país, que certamente terá de pagar por essa barbárie, mas por não crer que esse era o desejo de Hitler e que eram os alemães que estavam por trás de tais ordens. Se for realmente isso, há somente uma explicação: trata-se de pessoas doentes ou loucas.

25 de julho de 1942

Se for verdade o que estão revelando pessoas dignas de confiança, não pode haver qualquer dignidade em ser um oficial alemão e não há honra em participar de tudo isto que está acontecendo. É difícil acreditar.

Nesta semana foram deportados do gueto para o leste trinta mil judeus. O que será feito com eles já é de conhecimento público, apesar dos esforços em manter segredo. Perto de Lublin, foram construídos fornos crematórios elétricos e é para estes fornos que são levadas pessoas infelizes para serem queimadas vivas. Milhares de seres humanos podem ser executados desta forma diariamente. Economiza-se munição e não se perde tempo escavando e aterrando valas comuns. Nem a guilhotina francesa nem os métodos utilizados nos porões da GPU[13] russa chegaram a tal virtuosismo de assas-

---

[13] Polícia secreta russa que operou nos anos 1922-23. (*N. do T.*)

sinatos em massa. Isto parece uma loucura e não pode ser verdade. Pergunto-me: por que os judeus não resistem? Deve ser porque a maioria está tão debilitada pela fome e pobreza que não tem condições de oferecer qualquer resistência.

Varsóvia, 13 de agosto de 1942

Um comerciante polonês que havia sido expulso de Poznań no início da guerra abriu uma loja em Varsóvia. Visito-a com frequência para comprar frutas e legumes. Na Primeira Guerra Mundial ele lutou quatro anos na frente oriental trajando uniforme alemão — eu mesmo vi os seus documentos militares. Ele tem grande simpatia pelos alemães, mas pretende continuar sendo polonês. Está desesperado com a brutalidade alemã no gueto.

Devemos perguntar-nos: de onde provém essa escória social que impregna nosso país? Será que liberaram os delinquentes e os enfermos das prisões e dos manicômios? Não. Os culpados são os altos funcionários do nosso governo, que conseguiram educar desta forma pessoas que, em outras circunstâncias, seriam inofensivas. Todos os seres humanos têm dentro de si maldade e instintos animais que afloram quando não são coibidos. Sim, é preciso ter os mais baixos instintos para perpetrar esses homicídios entre os judeus e os poloneses.

O comerciante que mencionei mantém contatos comerciais com os judeus e visita o gueto com frequência. Conta que o que se passa lá é insuportável. Fica em pânico quando tem que pegar uma viatura para ir ao gueto. Certa feita viu quando um agente da Gestapo juntou um grupo de judeus e começou a atirar contra eles, matando dez imediatamente. Uma das vítimas tentou fugir, mas ele conseguiu alcançá-la e encostou o revólver na sua cabeça, no entanto, a arma estava descarregada. Ninguém se ocupou dos que agonizavam; todos os médicos locais haviam sido mortos ou deportados, e além disso as vítimas estavam predestinadas a morrer. Uma mulher contou ao meu informante que um grupo de agentes da Gestapo invadiu um berçário judaico, pegou os recém--nascidos e colocou-os em sacos, jogando-os numa carroça repleta de cadáveres. Nem o choro das crianças, nem os gritos desesperados das mães conseguiram sensibilizar aqueles seres infames. É difícil acreditar nisto tudo, mas, infelizmente, é a mais pura verdade. Ontem, dois desses animais viajaram no mesmo bonde comigo; acabavam de sair do gueto e tinham chicotes nas mãos. Gostaria de atirar esses cães debaixo do bonde. Mas o que fazer se somos covardes e, embora condenando, permitimos essas atrocidades? E é por isto que seremos castigados junto com eles. O castigo recairá sobre os ombros dos nossos inocentes filhos, pois nos tornamos coniventes ao permitir que tais crimes sejam cometidos.

Depois de 21 de agosto de 1942

A mentira é o maior dos males. É nela que têm origem todos os demais pecados. Como a opinião pública foi enganada! Não há um só jornal que não esteja repleto de mentiras. Não importa se os artigos referem-se a questões políticas, econômicas, históricas, sociais ou mesmo culturais — todos faltam com a verdade, são distorcidos, deformados e falsos. Quanto tempo isso poderá durar? Não! Em nome da honra dos seres livres e da livre alma humana! Os mentirosos e falsários terão que desaparecer e perder o seu poder ditatorial para que a dignidade possa voltar a reinar entre os homens.

1º de setembro de 1942

Qual é a razão desta guerra? É preciso deixar claro que chegamos a este ponto por termos perdido o conceito da religião. Tudo começou quando os bolcheviques assassinaram milhões de pessoas com o objetivo de estabelecer uma nova ordem no mundo. Isto somente foi possível por eles terem se afastado de Deus e dos ensinamentos cristãos, e os nazistas estão trilhando o mesmo caminho. Proíbem práticas religiosas, educam os jovens sem fé, travam guerra com as igrejas, confiscando as suas posses, e perseguem as pessoas que pensam de forma diversa. A liberdade dos alemães passa a ficar limitada, transformando-os em inertes escravos apavorados. A verdade lhes é ocultada. Não lhes permitem influir no destino do seu país. Os mandamentos de não roubar, não mentir e não matar perdem o seu significado. A rejeição destes mandamentos divinos fez surgirem todas as atitudes imorais: a ganância do lucro desmedido, o enriquecimento ilícito, o ódio, a impostura, a libidinagem com a resultante esterilidade e a derrocada do país. Deus permite tudo isso, não inibe as ações das forças governantes e permite que muitas pessoas inocentes sejam assassinadas, provavelmente para que a humanidade se dê conta de que, sem Ele, somos um bando de animais que se aniquilam uns aos outros. Vocês não querem seguir o divino mandamento "ame o seu próximo"? Muito bem. Tentem aplicar a recomendação oposta, a do demônio: "odeiem-se uns aos outros". Conhecemos a história do dilúvio das escrituras sagradas. O que causou essa tragédia nos primórdios da humanidade? Os homens haviam abandonado Deus e tiveram que morrer. Culpados e inocentes. Eles mesmos ditaram a própria sentença. Hoje também é assim.

6 de setembro de 1942

Um dos oficiais que participara de um torneio de esgrima nos contou as atrocidades cometidas pelo comando especial na cidade de Sielce, um centro administrativo. Estava tão revoltado e furioso que não se deu conta de que entre os ouvintes encontrava-se um alto funcionário da Gestapo: "Estavam expulsando os judeus do gueto e os faziam caminhar pelas ruas — crianças, mulheres e homens, fuzilando uma parte ali mesmo, à vista de toda a população local, tanto alemã quanto polonesa. As mulheres feridas eram deixadas no chão, contorcendo-se em poças de sangue num calor infernal. As crianças que estavam escondidas nas casas eram jogadas pela janela. Milhares de pessoas foram levadas para uma praça perto da estação ferroviária onde já havia mais gente aguardando os trens nos quais seriam embarcados. Deixaram-nos lá por três dias, deitados sob o sol escaldante, sem comida nem água, e quem arriscava se levantar era fuzilado sumariamente; tudo isso diante da população local. Depois, foram embarcados em vagões para transporte de gado — duzentas pessoas em cada vagão que, em condições normais, comportaria no máximo 42 — para não se sabe onde. O que foi feito deles? Ninguém sabe! Mas não é possível guardar este segredo por muito tempo. Algumas pessoas conseguiram escapar e graças aos seus relatos as atrocidades cometidas vêm à luz do dia. A cidadezinha chama-se Treblinka e fica na parte oriental do território polonês governado pelos alemães. É lá que são descarregados os vagões. Uma boa parte dos seus ocupantes já chegam mortos. A praça é cercada por muros, os vagões param no centro da praça e são desembarcados. Os corpos dos que morreram ficam alinhados ao longo dos trilhos e depois são atirados dentro de uma fossa cavada pelos que sobreviveram à viagem. Uma vez terminada a tarefa de cavar a fossa, enchê-la com os corpos e aterrá-la, esses homens são fuzilados sumariamente no local, seus corpos ficam alinhados ao longo dos trilhos esperando a chegada do próximo trem e a operação se repete. Milhares de mulheres e crianças são obrigadas a despir-se e depois levadas a uma espécie de câmara sobre rodas onde são asfixiadas por gás. A câmara dispõe de um dispositivo mecânico que abre um dos lados e inclina o seu piso. Ela é deslocada até a beira de uma cova, o mecanismo é acionado e os corpos deslizam para dentro da cova. Isto vem acontecendo há muito tempo. Estes seres infelizes estão sendo trazidos de todas as partes da Polônia, mas muitos deles são assassinados mesmo no local de embarque, porque não há trens suficientes para transportar todos. Toda a região é impregnada por insuportável fedor de corpos em decomposição." O oficial que deu essa informação ouvira tudo isso de um dos fugitivos que, junto com outros sete judeus, conseguira escapar e vive agora em Varsóvia. Aparentemente, há muitos na mesma situação. O fugitivo judeu em questão mostrou ao oficial uma nota de 20 złoty que havia encontrado no bolso de um dos corpos — decidira manter a nota dobrada de tal forma que o seu cheiro se conservasse e lhe lembrasse para sempre que precisa vingar a morte dos seus irmãos.

Domingo, 14 de fevereiro de 1943

Aos domingos, quando estou de folga e posso pensar em diversos assuntos, me vêm à mente pensamentos que, em geral, ficam retidos no meu subconsciente. São pensamentos ligados à preocupação com o futuro e, ao mesmo tempo, um olhar para o que aconteceu até agora durante esta guerra. Não consigo compreender como pudemos cometer tantas atrocidades contra uma indefesa população civil — os judeus. Fico a repetir a mesma pergunta: como foi possível? Existe apenas uma explicação. As pessoas que as puderam perpetrar e emitiram aquelas ordens perderam, definitivamente, o senso de decência e responsabilidade. Trata-se de pessoas que não têm Deus e são egoístas — materialistas da pior espécie. Quando ocorreram estes terríveis assassinatos de judeus, com massacres de mulheres e crianças durante o último verão, ficou claro para mim que perderíamos esta guerra, pois ela perdeu todo o sentido de conquistas territoriais e se transformou num incontrolável e desumano assassinato de pessoas que jamais será justificado perante a nação alemã e será julgado severamente pelo resto do mundo. Não há justificativas para os sofrimentos impingidos aos poloneses nem para o tratamento bestial e os fuzilamentos dos prisioneiros de guerra.

16 de junho de 1943

Hoje veio me visitar um jovem cujo pai eu conhecera em Obersig. Está servindo no hospital militar e havia testemunhado o fuzilamento de um civil por três policiais alemães. O civil fora parado na rua e, ao examinar seus documentos, os policiais constataram que se tratava de um judeu. Encostaram-no no muro e o fuzilaram, levando seu casaco e deixando o corpo caído na calçada.

Uma outra testemunha, um judeu, conta: "Estávamos numa das casas do gueto, escondidos durante sete dias no porão de um prédio que pegou fogo. As mulheres começaram a sair para a rua, seguidas por nós, os homens. Meu irmão decidiu suicidar-se tomando veneno. A maior parte dos homens foi fuzilada no local, e os que restaram foram levados, junto com as mulheres, para o *Umschlagplatz,* para serem deportados, em vagões de transporte de gado, para Treblinka. As mulheres foram executadas imediatamente, e os seus corpos, queimados. Eu fui enviado a um campo de trabalhos forçados. Tratavam-nos muito mal, não recebíamos qualquer tipo de comida e o trabalho era exaustivo." Ele escreveu para seus amigos: "Mandem-me um veneno qualquer; não consigo mais suportar este castigo e muitas pessoas estão morrendo à minha volta."

A senhora Jait trabalhou durante um ano na sede das Forças de Segurança e teve a oportunidade de assistir aos terríveis castigos aplicados aos judeus, agredidos fisicamente todos os dias. Um deles foi obrigado a ficar despido num frio terrível. Um agente da Gestapo matou-o depois com um tiro. Muitos judeus foram assassinados desta forma — sem motivo e sem sentido.

Agora acabaram de assassinar todos os habitantes que restavam no gueto. Um dos homens da SS se gabava do modo como atiravam em judeus que saíam das casas em chamas. Do gueto, restam apenas escombros fumegantes.

É desta forma que acham que vamos ganhar a guerra, os imbecis. Mas será por causa desses assassinatos em massa de judeus que iremos perdê-la! Cobrimo-nos de infâmia perpétua e seremos amaldiçoados para sempre. Não merecemos perdão. Todos somos culpados.

Tenho vergonha de sair à rua. Todo polonês tem o direito de cuspir no meu rosto. Os soldados alemães estão sendo atacados a tiros todos os dias. A situação vai piorar ainda mais e não podemos nos queixar, pois fizemos por merecer esta reação. A cada dia que passa sinto-me mais desconfortável.

6 de julho de 1943

Por que Deus permitiu esta guerra terrível com as suas incontáveis vítimas? Refiro-me aos desumanos ataques aéreos, o pavor incutido na inocente população civil, as sevícias cometidas nos campos de concentração e o assassinato de centenas de milhares de judeus. Será que Deus é culpado? Por que não intervém, por que permite que tudo isso aconteça? São perguntas que podem ser feitas, mas não podem ser respondidas. A saída mais fácil é a de tentar jogar a culpa nos outros. Deus permite a maldade porque foram os homens que a escolheram; mas agora, graças à maldade e à imperfeição humanas, hão de sentir os infortúnios que cairão sobre eles. Nada fizemos para impedir a ascensão do nazismo e traímos os nossos próprios ideais — os ideais de liberdade individual, da democracia e da escolha religiosa.

O nazismo foi apoiado pelos trabalhadores e a Igreja ficou apenas observando — se os membros da burguesia foram covardes, os altos dignitários da Igreja também o foram. Permitimos que os sindicatos terminassem dissolvidos, que fossem esmagadas as comunidades de crenças diversas e que se suprimisse a liberdade de expressão na imprensa escrita e falada. Estávamos satisfeitos em não ter um parlamento, ou aceitamos um parlamento que não tinha nada a dizer. Não se pode destruir os ideais impunemente, e agora todos teremos que enfrentar as consequências destes nossos atos.

5 de dezembro de 1943

Faz mais de um ano que sofremos derrotas seguidas. Ainda estamos lutando às margens do Dnieper. Perdemos toda a Ucrânia. Mesmo se conseguirmos reter o resto, não poderemos explorá-lo economicamente. Os russos estão tão fortes que nos expulsam cada vez mais do seu território. Os ingleses iniciaram uma contraofensiva na Itália, e nós vamos cedendo as nossas posições. As cidades alemãs estão sendo destruídas, uma a uma. Agora chegou a vez de Berlim e, desde 2 de dezembro, caem bombas sobre a Lípsia. Os submarinos falharam miseravelmente. Contamos com que milagre, para continuar falando incessantemente sobre vitória? Os nossos aliados búlgaros, romenos e húngaros só nos podem auxiliar localmente. Ficam felizes quando conseguem controlar as suas dificuldades internas e se preparam para um eventual ataque inimigo às suas fronteiras. A ajuda deles resume-se ao apoio econômico, como, por exemplo, o fornecimento de petróleo pela Romênia. Mas o apoio militar não tem qualquer valor. Desde o golpe fascista na Itália, a ajuda deles se resume ao fato de as batalhas serem travadas nos seus territórios e ainda não termos que combater no território do Reich.

A superioridade militar dos nossos inimigos nos torna indefesos. Aqueles que ainda acabarão por tombar. Esta é a nossa situação atual. Como podemos ter esperanças de inverter a situação em nosso favor?

Na Alemanha não há mais ninguém que acredite na vitória, e, além disso, ninguém sabe encontrar uma saída. Lá, não há possibilidade de qualquer golpe, pois falta coragem para desafiar a Gestapo, cada um temendo por sua própria cabeça. É possível que as massas desejem apoiar um movimento de revolta, mas estão com as mãos atadas. Há mais de dez anos não existe liberdade individual, principalmente entre a população civil. A qualquer sinal de agitação, a Gestapo entraria em ação. Também não se pode esperar um golpe nos meios militares. Os exércitos deixam-se levar para a morte com demasiada docilidade. E, dessa forma, qualquer ideia de resistência que se pudesse transformar num movimento de massas morre no nascedouro. Nada mais nos resta a não ser prosseguir até o amargo fim. O país inteiro terá que pagar por todas as maldades e desgraças que perpetramos. E muitos inocentes terão que ser sacrificados para expiar a nossa culpa sangrenta. Eis uma condição que não pode ser mudada.

1º de janeiro de 1944

Os jornais alemães estão indignados com o fato de os americanos levarem para fora os tesouros artísticos do sul da Itália. Esta reação a crimes cometidos pelos outros é fora de propósito se considerarmos os tesouros culturais que roubamos da Polônia e os que destruímos na Rússia.

Adotar o conceito "a pátria, boa ou má, é minha pátria" e aprovar o que estamos fazendo é uma hipocrisia que só nos faz parecer ridículos.

11 de agosto de 1944

Parece que o Führer deu ordens expressas para que Varsóvia fosse arrasada. Já foram iniciadas operações nesse sentido. Ao reconquistarmos um quarteirão, incendiamos todas as casas. Os habitantes são forçados a abandonar a cidade e há centenas de milhares de pessoas se deslocando para o oeste. Se esta ordem de Hitler existe efetivamente, então fica claro para mim que estamos perdendo Varsóvia, a Polônia e toda a guerra. Estamos abandonando tudo que mantivemos por cinco anos e que anunciamos ao resto do mundo como sendo nossas presas de guerra. Sacrificamos recursos enormes e nos comportamos como se fôssemos os senhores de tudo, fazendo crer que jamais sairíamos daqui. Agora, quando confessamos que tudo está perdido, destruímos nosso trabalho e desmontamos todos os benefícios de que a administração civil tanto se orgulhava e com os quais procurava justificar a sua existência perante o mundo. É a falência da nossa política no leste. Ao destruir Varsóvia estamos, nós mesmos, colocando uma lápide sobre tal política.

Epílogo

Uma ponte entre Władysław Szpilman e Wilm Hosenfeld

Por Wolf Biermann

Wolf Biermann é um dos mais conhecidos poetas, compositores e ensaístas da Alemanha. Nasceu em Hamburgo em 1936, filho de uma família comunista. Seu pai, um Judeu operário de estaleiro e combatente da resistência, foi assassinado em Auschwitz em 1943. Ainda adolescente, Biermann viajou para o leste, na contramão dos refugiados que seguiam para a Alemanha Ocidental. Em 1965 suas obras foram proibidas na Alemanha Oriental pelos ataques que faziam ao governo, e em 1976 Biermann foi forçado pelas autoridades a emigrar para a Alemanha Ocidental.

O presente livro não precisa de prefácio nem de posfácio. A bem da verdade, ele não requer quaisquer comentários. Mas o seu autor, Władysław Szpilman, me pediu que adicionasse ao livro, cinquenta anos após sua primeira publicação, algumas observações. Ele desejava que uma coisa ficasse clara: o texto havia sido escrito em Varsóvia, logo depois da guerra, portanto num momento em que o autor ainda se encontrava sob grande emoção, ou melhor, num estado de profundo choque.

Conhecemos muitos livros sobre o Holocausto. No entanto, a maior parte desses relatos foi escrita muitos anos após a guerra. Creio que não preciso esclarecer o porquê.

Os leitores, certamente, hão de notar por si mesmos: embora este diário tivesse sido escrito "a quente", pois surgiu quando as ruínas ainda fumegavam e ainda ardiam as cinzas da Segunda Guerra Mundial, a linguagem usada por Władysław Szpilman é, surpreendentemente, serena. O autor descreveu tudo por que acabara de passar com um distanciamento quase melancólico. Tenho a impressão de que ele ainda não havia voltado a si totalmente depois da viagem por círculos infernais e relata os fatos como se tivessem sido presenciados por outra pessoa; por alguém em quem ele se havia transformado quando a Polônia foi ocupada pelos alemães.

Para muitas pessoas, principalmente na Alemanha, a grande sensação do livro deriva daquilo que lhe foi adicionado: a publicação, pela primeira vez, dos fragmentos do diário de Wilm Hosenfeld, o oficial da Wehrmacht sem cuja ajuda Władysław Szpilman, um judeu polonês, provavelmente não teria conseguido sobreviver.

Hosenfeld, um professor por profissão, lutara como tenente na Primeira Guerra Mundial e, portanto, era velho demais para lutar no *front* em 1939. Isto poderia explicar o motivo pelo qual esse oficial foi destacado para dirigir o centro de atividades esportivas da Wehrmacht na Varsóvia ocupada, onde os soldados alemães, praticando esportes, mantinham sua forma física.

O capitão Hosenfeld foi aprisionado nos últimos dias da guerra e faleceu na Rússia sete anos depois.

Considero os escritos bélicos de Hosenfeld sensacionais por um outro motivo: eles desmentem a tão defendida tese na Alemanha, afastada do *front* como diziam, de que ninguém no interior do Reich tinha conhecimento dos acontecimentos na Polônia ocupada.

1. O livro de Władysław Szpilman foi publicado na Polônia em 1946, sob o título de um dos seus capítulos: *Śmierć miasta — A morte de uma cidade*. Os stalinistas poloneses o retiraram logo do mercado e, desde então, nunca mais foi publicado.

Quanto mais os países conquistados pelo Exército Vermelho eram sufocados pelo "abraço fraternal" dos "libertadores", tanto menos as autoridades do bloco oriental podiam aceitar um relato tão autêntico do que, realmente, se passara durante a ocupação alemã. O livro continha demasiadas verdades desconfortáveis, bem como relatos da colaboração com os nazistas alemães dos cidadãos dos países derrotados — russos, poloneses, ucranianos, lituanos e judeus.

Mesmo em Israel, as pessoas não queriam tomar conhecimento desses fatos. Difícil de acreditar, mas compreensível: o assunto era insuportável para ambas as partes — tanto para as vítimas, quanto para os algozes —, embora por motivos diferentes.

2. A linguagem como forma de identificação. Não eram apenas o rosto emagrecido, a roupa em frangalhos ou os gestos característicos que denunciavam um homem perseguido e sem lar. Do lado ariano de Varsóvia, bastava um leve sotaque judaico numa frase dita em polonês quase perfeito para que os caçadores de judeus o agarrassem e arrastassem para o vão de uma porta qualquer. Lá, arriavam suas calças e conferiam o documento impossível de falsificar. O infeliz era roubado de todas as suas posses e depois entregue às mãos da Gestapo em troca de alguns quilos de farinha e açúcar. É bom que se saiba que Władysław Szpilman falava polonês melhor que a maior parte dos poloneses e não conhecia o idioma judaico.

3. Aquele que media as nossas horas,
Continua a medi-las.
Diga-me o que ele tanto mede.
E mede, e mede...

(Paul Celan)

Números e mais números. Dos 3,5 milhões de judeus poloneses, sobreviveram somente 240 mil. O antissemitismo já reinava na Polônia muito antes da ocupação alemã. Apesar disso, entre trezentos e quatrocentos mil poloneses arriscaram suas vidas e as vidas das suas famílias para salvar judeus. Dos 16 mil arianos que salvaram judeus na Europa e foram distinguidos com uma das "árvores dos justos" em Yad Vashem, um terço é formado por poloneses.

Por que devemos atentar para estes números? Porque a tradicional praga do antissemitismo entre os poloneses é conhecida em todo o mundo. Mas são poucos os que sabem que nenhum outro país escondeu tantos judeus dos seguidores de Hitler quanto a Polônia. Quem escondia um judeu na França corria o risco de ser preso ou deportado para um campo de concentração; na Alemanha, este ato era punido com morte, mas somente na Polônia a sentença de morte era aplicada a toda a família do transgressor.

4. Qualquer pessoa que, num determinado momento, tenha se interessado pela história do Holocausto e que a conheça — seja por leitura, seja por relatos de sobreviventes — tem a nítida sensação de que cada judeu que conseguiu escapar daquele inferno representa uma cínica comprovação da existência de Deus. É inegável que o fato de ter escapado é um milagre e que cada um desses sobreviventes é, antes de tudo, um cadáver em férias; uma aparição em forma humana. Somente graças ao acaso e a uma série de coincidências incríveis, pôde alguém que já estivesse preso no meio daquele aparato mortal escapar dele.

5. Classificação: Darwin. Seleção: Mengele.

Os seguidores de Hitler eram os mais aplicados seguidores da pseudodisciplina chamada de "darwinismo social".

> Darwin: *At some future period, not very distant as measured by centuries, the civilized races of man will almost certainly exterminate and replace the savage races throughout the world.*[14]
>
> (Charles Darwin, *The Descent of Man*)

Adolf Hitler conseguiu, na prática, traduzir esta frase perfeitamente para o alemão.

6. Nos anos 1960 foi processado um dos médicos da SS. A sua função havia sido a de selecionar os judeus que chegavam à rampa de Oświęcim. O advogado pleiteou a absolvição: não havia seu cliente salvado centenas de pessoas aptas para trabalhar que, graças a ele, não foram enviadas diretamente às câmaras de gás? Sim, os judeus deveriam dedicar a ele uma das árvores em Yad Vashem...

Se eu tenho espírito vingativo? — Um juiz justo teria condenado o advogado a passar o resto dos seus dias na mesma cela que o réu.

---

[14] Num período futuro, não muito distante quando medido em séculos, as raças civilizadas do homem irão, quase certamente, exterminar e substituir as raças selvagens em todo o mundo.

7. Como eram os judeus que conseguiram sobreviver ao Holocausto?

Fortes? — Sem dúvida, independentemente do que isto pudesse significar.

Corajosos? — Sim, nem que fosse por causa do medo mortal.

Astutos? — Talvez.

Houve casos de amizades cheias de abnegação? — Sim, às vezes.

Houve casos de amor desinteressado ao próximo? — Sim, frequentes.

Houve casos de egoísmo brutal? — Sim, vários.

Ter bens, por exemplo, dinheiro, mudava as coisas? — Sim, às vezes.

Ter bons contatos? — Óbvio que sim, como sempre na vida.

Algumas aptidões especiais? Conhecimento de línguas? Fama? Saúde e energia jovial? Rapidez de raciocínio?

Houve casos de canibalismo entre os que morriam de fome? — Houve, mas surpreendentemente raros, a exemplo do que ocorrera durante o cerco de Leningrado. Os verdadeiros canibais foram os bem-nutridos homens de Hitler.

O que fora o elixir vital durante os extermínios em massa? — A esperança desesperadora, ou seja, a esperança que, como se diz, é a última a morrer.

Às vezes, a salvação provinha de um pedaço de pão mofado que estava no bolso de um cadáver. Qual era a ajuda possível quando nada mais podia ajudar? — Muitas vezes, alguma ação de fora, incrivelmente irrefletida e cheia de riscos.

Sim. Estes eram os trunfos na luta pela sobrevivência. Mas não eram suficientes. Na verdade, não havia qualquer saída.

8. Certo dia, encontrei em Israel uma velha amiga dos tempos da NRD (Alemanha Oriental). Havia se tornado uma ortodoxa fanática e acreditava cegamente no seu rabino enlouquecido: Oświęcim fora um castigo de Deus. O Senhor quis mostrar novamente aos judeus pecadores quem era Deus de fato. Aos meus olhos, trata-se de uma estupidez imensurável para justificar o Holocausto. A propósito: os alemães mais ignorantes se acham desprovidos de culpa. E não apenas isso: acham — que horror! — que foram um instrumento nas mãos de Deus.

Refiro-me ao aterrador fragmento do Livro Sagrado em Deuteronômio, capítulo 28, versículos 49 a 62, em que Deus predizia ao seu pecaminoso povo judeu:

"O Senhor fará desabar sobre vós exércitos de terras distantes... cuja língua será desconhecida de vós... eles irão desfrutar das reservas do vosso gado e da vossa terra, até vos ter exterminado; e nada deixarão para vós, nem trigo, nem vinho, nem óleo, nem frutas... e ficareis apavorados em vossos cercados... vós ireis comer os frutos dos vossos próprios corpos, os corpos de vossos filhos e filhas... pois por estardes desprovidos de tudo, ireis comer às escondidas assustados e necessitados... — pois não destes ouvidos à voz do Senhor vosso Deus..."

9. Não cabe a mim decifrar os enigmas talmúdicos, mas gostaria de perguntar baixinho: por que foram mortos exa-

tamente os judeus mais pobres e mais devotos do Leste Europeu, enquanto centenas de milhares de judeus ocidentais, ímpios e assimilados, puderam se salvar na Inglaterra ou no continente americano? Qual foi a chave do acaso diabólico que Deus usou para permitir que alguns judeus isolados pudessem escapar pelas grades das aberturas de ventilação dos vagões de transporte de gado?

10. E mais uma pergunta referente a este livro: por que um desses desprezíveis policiais judaicos no *Umschlagplatz* resolveu salvar especificamente um judeu tão polonizado como Władysław Szpilman? Outros judeus, muito mais judaicos, foram conduzidos para os vagões fedendo a cloro e, já dentro das câmaras de gás, rezaram em hebraico *Sz'ma Jisrael!* até o último suspiro. Como sei destes detalhes absurdos, como se tivesse recebido notícias do "outro lado"? Havia em Treblinka judeus no setor de trabalhos forçados — os *Hofjuden* — e alguns deles conseguiram escapar após o levante.

No campo de extermínio de Treblinka não havia a seleção prévia adotada em Oświęcim, onde, em geral, dez por cento dos que chegavam eram registrados como força de trabalho e tatuados com um número azul no braço esquerdo. Em Treblinka não havia qualquer seleção, e as pessoas não eram exterminadas pelo gás Cyklon-B, de ação rápida, mas pelos gases emitidos por motores a diesel.

11. Encontramos frequentes descrições de um fenômeno que atormenta os que se salvaram do gueto e dos campos: eles sofrem uma vergonha paralisante pelo fato de terem sido

poupados. Montes de corpos — de amigos, familiares, dos próprios filhos, quase todo um povo — pesam sobre seus ombros. E estes salvos pelo acaso vão sofrendo assim o tormento de uma culpa inocente, que vai aumentando à medida que o tempo passa.

Muitas das vítimas que sobreviveram temem a inocente pergunta: por que você, especificamente você, conseguiu escapar com vida? (são eles mesmos que se perguntam). Aquele que faz esta indagação incute na sua cabeça algo que desperta o sentimento de culpa: sou um egoísta brutal, consegui sair ileso do inferno enquanto outros, nobres e bons, pereceram. Pensamentos desta espécie denotam estupidez e chegam a ser ofensivos.

12. Quando leio neste livro sobre os trilhos dos trens que levam a Treblinka e quando penso nos trens da morte seguindo para Oświęcim, vem à tona uma dor antiga: por que os aliados, que sabiam de tudo que se passava, não jogaram pelo menos algumas bombas sobre esses trilhos e pontes ferroviárias? Uma mancha branca na historiografia...

Jürgen Fuchs, um conhecido historiador alemão, fez certa feita uma pergunta inteligente e, ao mesmo tempo, ingênua: por que os soldados decentes da Wehrmacht não atiraram sobre aqueles poucos homens da SS e não liberaram os judeus dos trens da morte?

13. Władysław Szpilman conseguiu escapar para a parte "ariana" de Varsóvia alguns dias antes do Levante de Varsóvia. Portanto, ele não participou daquele derradeiro e desesperado movimento armado. Aquilo não fora uma luta de

"vida ou morte"; fora só uma luta "de morte". Lutou-se para morrer lutando.

14. Não existem vítimas de primeira ou segunda classe. Uns morriam entre pessoas que urravam nas câmaras de gás, enquanto outros — como nos versos da canção dos guerrilheiros no gueto de Wilno — "com a pistola na mão". Quem teria o direito de diferenciar moralmente essas vítimas?

Władysław Szpilman pertence a ambas as categorias — guerreiro e vítima. Como se depreende do seu relato, ele participou diretamente do movimento heroico de resistência. Ao fazer parte daqueles que saíam diariamente do gueto para trabalhar no setor "ariano" da cidade, ele teve condições de contrabandear para dentro do gueto não somente pão e batatas, mas também armas e munições para os combatentes judeus. Ele menciona este ato heroico de uma forma nobre — de passagem.

15. Pude notar mais uma coisa: o autor desconhece o sentimento de vingança. Estávamos em Varsóvia, e Szpilman, exausto pelas turnês pianísticas ao redor do mundo e sentado junto do seu já desafinado piano, virou-se para mim e disse uma frase meio irônica e meio séria:

— Quando jovem, estudei música em Berlim por dois anos. Não consigo atinar com o que aconteceu com os alemães... eles sempre foram tão musicais!

16. O livro cita com perfeição as relações reinantes no gueto de Varsóvia. Szpilman as descreve de tal forma que podemos

nos convencer mais profundamente daquilo de que já suspeitávamos: o gueto e os campos de concentração, com seus barracos, guaritas e câmaras de gás, não eram, de forma alguma, centros de isolamento que permitissem o desenvolvimento dos aspectos mais nobres de caráter. A fome não enobrece.

Ou, em outras palavras: aquele que era um patife continuou sendo patife atrás das cercas de arame farpado. Mas não havia regras preestabelecidas. Vários ladrõezinhos primitivos se comportaram no gueto e nos campos muito melhor que alguns cidadãos corteses e altamente respeitados.

17. Władysław Szpilman descreve o Holocausto com prosa modesta e intensidade poética. A cena no *Umschlagplatz* ficará gravada para sempre na minha memória: Władysław Szpilman se encontrou do outro lado da fronteira da vida, ia ser levado para um lugar desconhecido que representava morte certa. Os pais do autor, ele mesmo, suas duas irmãs e seu irmão dividem entre si um doce cortado em seis pedaços — a última refeição juntos. E aquele dentista impaciente aguardando o trem da morte e o diálogo incrível que vem em seguida.

— Isto é uma desonra para todos nós! — gritava.
— Estamos deixando que nos levem ao matadouro como se fôssemos ovelhas! Somos quase meio milhão de pessoas; se nos atirássemos sobre os alemães libertaríamos o gueto. Ou, pelo menos, morreríamos com dignidade e não nos tornaríamos uma mancha de vergonha na história do mundo!
— Olhe em volta — disse (o pai do Szpilman) e apontou para a multidão com um gesto largo —, não

somos heróis. Somos apenas seres humanos e por isso preferimos correr o risco de dez por cento de chances de sobreviver.

Como sempre acontece nas verdadeiras tragédias, tanto o dentista quanto o pai de Szpilman tinham razão. Os judeus andaram brigando entre si sobre essa questão insolúvel milhares de vezes e continuarão a discuti-la por gerações futuras. Analisando-a de forma mais prática: como aquela população civil — esfomeada e doente, mulheres, crianças e velhos abandonados por Deus e pelo resto do mundo — podia se defender de uma tão perfeita estrutura de extermínio?

Embora a resistência parecesse impossível — existiram movimentos de resistência judaica. Foram comprovados pela luta armada no gueto de Varsóvia e por milhares de atos heroicos de guerrilheiros judeus. Houve levantes em Sobibor e até em Treblinka. Posso citar o caso de Lydia Vago e Sarah Ehrenhalt, de Israel, que sobreviveram aos horrores de Oświęcim trabalhando como escravas na fábrica de munição alemã Union de onde provinha a dinamite usada para implodir os fornos crematórios.

18. É normal que o coração avalie as perversidades dos nossos compatriotas com mais rigor do que as maldades cometidas por outros criminosos. Sentimos, em família, muito mais vergonha pela nossa desonra. Mas não devemos esquecer que os que denunciavam judeus em Varsóvia, os *kapos*[15] dos

---

[15] Prisioneiros de campos de concentração que, em troca de privilégios, supervisionavam o trabalho escravo dos demais companheiros, tratando-os com brutalidade. (*N. do T.*)

campos, os membros da polícia judaica nos guetos e mesmo os colaboradores judeus da Gestapo — todos eles, afinal de contas, eram vítimas dos fascistas alemães.

19. Logo nos primeiros capítulos do livro, Szpilman é salvo por um desses amaldiçoados policiais judaicos. No final do livro a sua salvação vem pelas mãos de um dos oficiais do exército de Hitler, que encontra o pianista semimorto no meio das ruínas desertas de Varsóvia e... não o mata. O capitão Hosenfeld faz mais: traz para o esconderijo suprimentos de comida, um edredom e um casaco de inverno.

Parece uma daquelas fábulas de Hollywood, mas é a mais pura verdade: é um dos seres odiados que tem o papel do anjo salvador.

20. Tendo em vista que, para todos os efeitos, a guerra estava perdida para os alemães, Szpilman dá ao seu salvador anônimo uma informação importante: "Se lhe acontecer algo e eu puder ser de alguma ajuda, lembre-se: Władysław Szpilman, Polskie Radio."

Władysław Szpilman me contou que tentou achar Hosenfeld ainda em 1945, mas sem sucesso. Quando chegou ao campo de prisioneiros onde o violinista Lednicki o havia visto, o campo já fora transferido para outro local.

21. O destino do capitão Hosenfeld constitui em si mesmo uma história incrível. Ele faleceu num campo de prisioneiros de guerra perto de Stalingrado, um ano antes da morte de Stalin. Ele foi torturado severamente, pois os oficiais sovié-

ticos achavam que o seu relato de como havia salvado judeus era uma mentira deslavada. Sofreu uma série de derrames cerebrais e passou os últimos dias de vida vegetando como uma criança maltratada, sem entender por que estava sendo torturado. Morreu na condição de completa ruína psíquica.

22. Wilm Hosenfeld conseguiu contrabandear o seu diário para a Alemanha. As últimas férias que passara no seu país foram em maio de 1944 e é desta época que existe uma linda fotografia: um oficial de uma guerra imunda, trajando um imaculado uniforme branco, cercado pela esposa e filhos adorados — um idílio tão fantástico como se o mundo estivesse em paz.

A última entrada no diário é datada de 11 de agosto de 1944, o que significa que Hosenfeld enviava suas sensacionais anotações para casa por intermédio do correio militar. Se caíssem nas mãos dos senhores de casacos de couro, ocorreriam consequências inimagináveis. Seria esquartejado. Os cadernos com as anotações foram guardados zelosamente pela família e apenas alguns de seus fragmentos figuram no livro.

23. Recebi do filho do capitão Hosenfeld um relato que permite uma viva descrição da imagem do pai:

"Meu pai era um professor competente, dotado de um grande coração. No período entre as duas guerras mundiais, quando era comum a punição física nas escolas, ele adotava métodos não convencionais e mostrava um carinho profundo pelos alunos. Punha sobre seus joelhos os pequeninos que tinham dificuldade em aprender a ler e carregava sempre nos bolsos dois lenços: um para uso próprio e outro para assoar os narizes que escorriam.

No inverno de 1939-1940, o destacamento de infantaria para o qual meu pai fora convocado seguiu para a Polônia. Ficaram aquartelados numa cidadezinha chamada Węgrów, ao leste de Varsóvia. Os alemães tinham confiscado as reservas de feno do Exército polonês. Certo dia, meu pai viu quando um homem da SS arrastava um garoto, certamente um escolar. Ele fora surpreendido roubando um pouco de feno. Quanto feno poderia ter apanhado? Um punhado? O menino ia ser morto para servir de advertência a futuros ladrões. Meu pai me contou que ele correu para o homem da SS e gritou, com lágrimas nos olhos: 'O senhor não pode assassinar esta criança!' O homem da SS tirou o revólver do coldre, apontou-o para meu pai e advertiu: 'Suma daqui imediatamente, ou vamos fuzilar você também!'

Somente uns dois ou três anos mais tarde, meu pai me revelou esse episódio e, assim mesmo, fui o único da família a tê-lo ouvido."

24. Depois, tudo se passou como está descrito no livro. O pianista Szpilman voltou imediatamente a tocar na Polskie Radio. Durante o primeiro programa transmitido ao vivo pela emissora de Varsóvia, ele tocou a mesma peça de Chopin que havia tocado uma hora antes de as bombas alemãs terem destruído a estação em 1939. Parece um roteiro de um filme de segunda — mas é a pura verdade.

Pode-se dizer até que o programa com repertório chopiniano, com o "Noturno em dó menor", fora interrompido por um momento, para que o senhor Hitler pudesse, em um breve intervalo de seis anos, representar o seu papel durante o interlúdio no teatro do mundo.

25. Até 1949, Szpilman não sabia do paradeiro do seu salvador. Mas em 1950, um polonês de origem judaica, Leon Warm, emigrou da Polônia e visitou a família Hosenfeld na Alemanha Ocidental. O filho de Hosenfeld descreveu o encontro:

"Nos primeiros anos depois da guerra, minha mãe e meus irmãos mais jovens moravam em Thalau, em um alojamento de empregados junto a uma escola. No dia 14 de novembro de 1950, veio nos visitar um simpático jovem polonês e perguntou sobre meu pai, com quem havia travado conhecimento em Varsóvia durante a guerra. Tinha conseguido escapar do trem destinado a Treblinka cortando o arame farpado que bloqueava a entrada de um dos vagões. Ao chegar a Varsóvia foi, por intermédio de conhecidos mútuos, encaminhado ao meu pai, que lhe conseguiu documentos falsos e o empregou no estádio esportivo. Após a guerra, trabalhou como químico na Polônia e agora tinha a intenção de abrir um negócio próprio na Austrália."

26. A senhora Hosenfeld disse a Leon Warm que seu marido ainda estava vivo e que lhe enviava cartas e cartões-postais. Leon Warm reconheceu o sobrenome Szpilman num cartão-postal datado de 15 de junho de 1946 que continha uma lista de nomes de poloneses e judeus salvos por Hosenfeld e o pedido para que a esposa tentasse encontrá-los e pedisse ajuda. Na lista, sob o número quatro, figurava:

"Wladislaus Spielmann, pianist im Warschauer Rundfunk."
Leon Warm encontrou o endereço do pianista e passou-lhe essa informação.

27. Uma outra história ligada ao capitão Hosenfeld é conhecida por três membros da família Cieciora. Nos primeiros dias da campanha de setembro,[16] a esposa de Stanisław Cieciora foi visitar o marido, um soldado do Exército polonês ferido, no campo de prisioneiros de guerra. Temia que ele fosse morto pelos alemães. Já estava chegando perto do campo, quando foi parada por um oficial alemão montado numa bicicleta que lhe perguntou aonde ia. Paralisada de medo, a senhora Cieciora falou: "Meu marido é um soldado polonês ferido e está preso no campo... temo pela sua saúde. E estou grávida." O alemão anotou seu nome e mandou-a de volta para casa, prometendo: "Seu marido será liberado em três dias." A promessa foi cumprida.

Mais tarde, Hosenfeld visitou a família Cieciora por diversas vezes e tornaram-se amigos. Este alemão extraordinário começou a ter aulas de polonês e, sendo um católico fervoroso, ia às missas, vestindo seu uniforme da Wehrmacht, na companhia dos amigos poloneses.

Que imagem incrível! Um alemão, trajado em um "gibão dos assassinos" (B. Brecht), ajoelhado diante de um padre polonês — o lobo diante do pastor —, recebendo a hóstia das mãos de um "subumano eslavo"!

---

[16] A invasão da Polônia por tropas alemãs em 1939. (*N. do T.*)

28. A família Cieciora temia pela vida de um dos irmãos de Stanisław, um padre que pertencia à Resistência e era procurado pela Gestapo. Hosenfeld o salvou também. Depois, ajudou ainda a um dos primos dos Cieciora. O relato deste incidente me foi feito por uma das filhas do oficial:

"Na primavera de 1943, fomos visitados por Maciej Cieciora, de Posen [Poznań], que nos contou que o seu tio, um eclesiástico católico, precisava se esconder da Gestapo. Meu pai, que, na qualidade de oficial responsável pelas atividades esportivas, gerenciava todos os locais esportivos de Varsóvia requisitados pelos alemães, abrigou o padre e o contratou, sob o nome falso Cichocki, como operário num dos estádios. Por intermédio do padre Cieciora, de quem se tornara amigo, meu pai conheceu o cunhado dele, de sobrenome Koszel.

Naquela época (provavelmente em 1943), os guerrilheiros poloneses haviam abatido a tiros alguns soldados alemães nas proximidades do bairro onde moravam os Koszel. Em represália, a SS organizou uma *łapanka*, e Koszel foi apanhado e colocado num caminhão, junto com outros pobres-diabos, para ser fuzilado.

Quis o destino que meu pai estivesse andando pela rua naquele exato momento e notasse o caminhão num dos cruzamentos. Koszel viu o oficial a quem conhecia parado na calçada e acenou para ele. Meu pai se deu conta imediatamente da situação. Plantou-se no meio da rua e, com voz de comando, gritou aos soldados da SS: 'Preciso de um homem para um trabalho urgente!' e, olhando para a parte traseira do caminhão como se lhe fosse indiferente quem escolheria, apontou para Koszel. Os homens da SS o deixaram descer e acompanhar meu pai."

29. Como é pequeno este mundo! O filho de Stanisław Cieciora é hoje, oito anos após a queda do comunismo na Polônia, o cônsul polonês em Hamburgo. Foi por seu intermédio que vim a saber de mais um detalhe comovente desta história: seus pais, agradecidos, passaram a enviar (ainda durante a guerra!) pacotes com manteiga e salsichas para a família Hosenfeld, órfã de pai. Pacotes de comida da Polônia esfomeada para a Alemanha nazista — o mundo também pode ser muito estranho!

30. Leon Warm enviou para Szpilman, aos cuidados da Polskie Radio, a lista de nomes dos que foram salvos por Hosenfeld, pedindo que os informasse do seu destino.

Em 1957, Władysław Szpilman e o genial violinista Bronisław Gimpel fizeram uma turnê pela Alemanha Ocidental. Resolveram ambos visitar a família de Wilm Hosenfeld em Thalau.

31. No verão de 1997, quando já era do conhecimento público que este quase esquecido livro seria publicado em alemão, pedi a Władysław Szpilman que me revelasse o restante da história. Eis o que ele me contou:

"Sabe de uma coisa? Não gosto muito de falar sobre isso. Até agora, não toquei no assunto com ninguém; nem com minha mulher, nem com meus filhos. Por quê? Por estar envergonhado. Quando, em 1950, descobri finalmente o nome daquele alemão, sofri uma sensação de medo e tive que superar o desprezo, mas fui pedir ajuda a um criminoso a quem nenhuma pessoa decente na Polônia apertaria a mão — Jakub Berman.

Como chefe da divisão polonesa da NKWD,[17] era a pessoa mais influente na Polônia. Tratava-se de um porco — todos sabiam disso, mas detinha mais poder que o ministro das Relações Exteriores. Eu decidira fazer todo o possível e fui procurá-lo. Contei-lhe tudo, inclusive que Hosenfeld não tinha salvado somente a mim, mas também a muitas crianças judias às quais, ainda no começo da guerra, abastecera com sapatos e comida. Falei-lhe também de Leon Warm e da família Cieciora, dizendo-lhe: muitas pessoas devem a vida a ele. Berman foi muito polido e disse que veria o que poderia ser feito. Alguns dias depois, me telefonou pessoalmente: 'Infelizmente não posso fazer nada.' E adicionou: 'Se esse alemão estivesse preso na Polônia, poderíamos libertá-lo, mas os camaradas soviéticos nem pensam nisso. Dizem que ele fazia parte de uma rede de espionagem. Nesse caso, nós, poloneses, não podemos fazer nada; não tenho poderes para tanto' — disse-me aquele que detinha o poder graças à boa vontade de Stalin."

32. Na Polônia do pós-guerra não seria viável publicar um livro que retratasse um oficial alemão como pessoa decente e corajosa. Portanto, quando foi publicado, a nacionalidade de Hosenfeld foi alterada de alemã para austríaca. Um anjo austríaco não seria uma heresia tão grande. Que absurdo!

---

[17] Polícia secreta russa, equivalente à Gestapo alemã. (*N. do T.*)

Tanto a Áustria quanto a NRD tentavam, na época da "guerra fria", dar ao mundo a mesma imagem hipócrita — a de que ambos os países foram vítimas da ocupação alemã durante a Segunda Guerra Mundial.

33. Em Yad Vashem, o maior monumento dedicado à memória das vítimas judaicas, existe a avenida dos Justos, ao longo da qual foram plantadas árvores individuais para cada não judeu que tivesse salvado judeus do Holocausto. Junto de cada árvore há uma placa gravada com um nome de herói. Ao visitar o museu, passa-se por milhares dessas placas. Farei todos os esforços para que em breve surja uma arvorezinha com o nome do capitão Hosenfeld, regada com água do rio Jordão. Quem há de plantá-la, se não Władysław Szpilman,[18] ajudado pelo seu filho Andrzej?

---

[18] Por ocasião da publicação deste livro na Polônia (março de 2000), Władysław Szpilman ainda estava vivo. Ele faleceu em 6 de julho de 2000, aos 89 anos. (*N. do T.*)

Este livro foi composto na tipografia Minion Pro,
em corpo 11/16, e impresso em
papel off-white no Sistema Cameron da
Divisão Gráfica da Distribuidora Record.